〈ほめる達人〉が教える人に好かれる話し方41

西村貴好

三笠書房

はじめに……言葉は翼、あなたを好きなところへ運んでいきます

「いい言葉」には、不思議なパワーがあります。
場の空気を変え、相手の心の扉をひらき、一瞬で相手を笑顔にしてしまう力があります。

そして、「いい言葉」を話す人は、驚くほど運がよくなります。
たくさんの人に好かれて、人生が豊かに、面白く展開していきます。

私は、**「泣く子もほめる！」ほめる達人**（＝ほめ達）として、言葉が持つはかりしれないパワーを世に広める活動を行なっています。

「聞いた相手」も、「言った自分」も、元気になる、うれしくなる、盛り上がる……そんな言葉が、ごく自然に使える人には、幸せいっぱいな人生が待っています。

雑談中、食事の席、打ち合わせの最中など、どんなとき、どんな場面でも人を喜ばせる言葉、勇気づける言葉、気持ちを共有できる言葉を、さりげなく相手に届けることができたら、今よりもっと素敵な人間関係が築けると思いませんか？

この本では、そのための方法をたっぷりとお伝えしたいと思います。


ファッションなどの外見を磨くことでも、あなたのファンをつくることはできるでしょう。でも、それはほんの一時のことに過ぎません。

でも、**素敵な言葉を話すことで得られるのは、〝一生のファン〟**です。


運のいい人、そして、あっという間に人の心をつかんでしまう達人は、例外なく、話し方が魅力的で、言葉がキラリと光っています。

そして、そうした魅力、輝きは、ほんのちょっとした気遣いや思いやり、機転といった「微差」を積み重ねることから生まれます。

つまり、**「どんな心で話しているか」**が大切、ということですね。

私はこれを、**「心が言葉をつくり、言葉が心をつくる」**と表現しています。

共感の仕方、質問、あいづち、ほめ言葉、とっさのひと言……この本の中では、私の「ほめ達」としての活動の中で得られた、「相手の心をつかむ言葉」と、その使い方を、たっぷりお伝えしています。

ぜひ、あなたも、小さな違いで〝驚きの効果〟を実感してください。

西村　貴好

もくじ

1章

「聞いた相手」も、「言った自分」もうれしくなる言葉

キラリと光る魅力はどこから生まれる？

2章

なぜ「この人、愛があるなぁ」と思ってしまうのか

「言葉の選び方」ですべてが好転！

3章

「笑顔」の伝道師になる小さなヒント

相手の「いいところ」にスポットライトを当てよう！

4章

人生が好転する〝おまじない〟をかける

心と体に「不思議なパワー」がみなぎる！

5章

「なりたい自分」に近づく言葉のマジック

成長していくって、楽しい!

6章

こんな〝言葉のお守り〟を大切に
つらいことがあるほど「深みのある目」になっていく

編集協力◎株式会社ケイライターズ・クラブ
福島奈美子
イラストレーション◎野村俊夫

1章

キラリと光る魅力はどこから生まれる?

「聞いた相手」も、「言った自分」もうれしくなる言葉

1 〝言葉で周囲を照らす人〟になる

言葉がなければ、世界は闇です。
私たちは、言葉という光を頼りに生きているのです。その光によって見えてくるもの。それが私たちの「世界観」です。

「素敵！」という言葉に照らされた事実。
「最悪！」という言葉で浮かび上がってくる現実。

事実や現実を「真実」に変え、世界観をつくっているのが、あなたの言葉です。
今、あなたはどちらの言葉を使うことが多いですか。
そして、これからどちらの世界を生きていきますか。

あなたのまわりにいる「素敵だな」と思う人たち。
彼らのキラリと光る魅力はどこから来るのか。
ほんの少しの「言葉に対する意識」、それが圧倒的な魅力の差となります。

◎キラリと光る魅力 ⟷ ギラリとのぞく野心
◎キラキラの言葉 ⟷ ギラギラした生き方

濁点一つで大違い。
そんな小さな言葉の使い方の差で、話し手の印象は、まったく変わってしまうのです。
濁点をとり、キラキラして生きていきたいものですね。

私が考える「理想の言葉」とは、たとえて言うなら、こんな言葉。

◎太陽の光のように、すべての人を元気にする言葉

◎暗闇の中のローソクのように、人をホッとさせる言葉
◎スポットライトのように、人やモノをさらに輝かせる言葉

その場によって、太陽になったり、ローソクになったりしますが、共通しているのは、「まわりをあたたかく照らす」ことです。

「光」がなければダイヤも石ころ

たとえば、真っ暗な部屋の床に、ひと粒のダイヤモンドが落ちていたとします。

そこをある人が裸足で通りかかって、ダイヤモンドを踏んづけてしまった。

しかし、部屋は暗くて何も見えないので、それがダイヤだとは気づかない。

その人は「痛っ！」と怒って、投げ捨ててしまうかもしれません。

でも、もし、そこにローソクの光があれば、ダイヤがキラリと輝き、その存在に気がつくことができるでしょう。

あなたを取り巻く人間関係も、それと同じです。

石ころだと思っていた人が、じつは光が当たればキラリと輝くダイヤかもしれません。短所とは、「まだ表現されていない個性」という言葉もあります。


「ありがとう」の反対は、「当たり前」。

そばにいて当たり前のような存在には私たちは、なかなか感謝しませんし、価値を感じないものです。

当たり前の日常の中に、もし「感謝できること」を見つけられたら、日常に奇跡があふれ出します。

「ありがとう」は、「有り難い・有り難し」。

つまり、It's a miracle!　なのです。

相手の個性に〝言葉のスポットライト〟を当てる

そこで大事なのは、相手の個性を長所に変換する「スポットライト」のようなひと言がかけられるかどうか。

「○○さんって、いつも気配りが細やかで素敵ですよね！」

「○○さんって、じつはすごく面倒見がいいんですよね！」

ここでのポイントは「いつも」と「じつは」。

「いつも」は、小さな事実と価値をさらに引き立て、輝かせる言葉。

「じつは」は、表面だけでなく、内面まで含めて相手を認める言葉です。

人って不思議なもので、

「私は、あなたにこんな〝いいところ〟があるのを知っています」

と言われ続けると、それまで隠れていた長所がどんどん表に出てきます。

そして、その人自身がキラキラと輝き始めるのです。


あなたがまわりを照らすと、あなた自身が、その照り返しを受けます。

そして照り返しを受けて輝く人がもっとも美しい。

隠れた魅力を発見できる人は、自然と慕われるようになります。

「前向きですね」「魅力的ですね」とまわりの人を賞賛している人が、じつは一番前向きで、魅力的になっていくのです。

自分と相手の「魅力」を引き出す天才になる!

2 「人に好かれる言葉」の数を増やす方法

物事には多面性があります。一見すると「欠点」に思われることのすぐ横に、じつはその人の「いいところ」が隠れていたりするものです。

だから、ちょっと苦手な人、ムカッとくる人と話をするときであっても、「相手の欠点を長所に置き換えるとしたら、どんな表現ができるかな」と考えると、言葉の数（ボキャブラリー）が増えていき、会話が断然、楽しくなります。

たとえば、

◎「せっかち」→行動力がある・積極的・前向き

◎「短気」→情熱的・まっすぐ

◎「優柔不断」→いろいろな人の意見を聞ける・常に新しい

◎「気が弱い」→やさしい・人の気持ちがわかる

といった具合です。こんなふうに言い換えると、なんだか楽しくなってきませんか？

ただ、プラスのイメージに直接、変換しづらい場合があるのも、また事実。たとえば、ちょっとポッチャリしている人がいたとして、「太っている」という特徴をプラスに言い換えるには、どうすればいいのか。

ポジティブ連想とイメージ表現

太目の女性に「貫禄《かんろく》がありますね」などと言ったら――大変なことになりますね（笑）。

そんなときは、「似ているもので、イメージがよいもの」を具体的に連想してみるのがコツです。「太っていて、イメージがよいもの」って、何でしょう？

そこで、

「仏像」

「えびすさん」

「パンダ」

などが思い浮かんだとします。それらを思い浮かべながら、そこから連想される「プラスイメージの形容詞」を頭の中でずらりと並べてみてください。


「親しみやすい」

「やさしそう」

「かわいい」

「一緒にいると癒やされる」


ほらね、次々と出てきました! こうした言葉を土台にして、ほかの長所と組み合わせるなどの工夫をすれば、あなたの心のこもったオリジナルな言葉をかけることができます。

「○○さんって、仕事もできる上に、癒やしキャラですよね！」

「○○って、いつも笑顔で、やさしさがにじみ出てますよね！」


ポジティブ連想とイメージ表現のトレーニングを続けていくと、魅力的なボキャブラリーがどんどん増えます。


じつは、以前あるテレビの企画で「マツコ・デラックスさんを直接ほめる」機会があり、そのときにもこの連想手法を使いました。

彼女から私が思い浮かべたイメージは、「菩薩《ぼさつ》」です。

マツコさんは毒舌ですが、弱い立場の人は攻撃しません。そして、切り口が独創的でとにかく面白い。コメントも笑えて、「なるほど」と納得できる内容です。

これらが、お茶の間で見ている人に「癒やし」を与えているんですね。


「マツコさんは現代の菩薩のような人。同じ時代に生きられて、うれしいです」

と伝えたら、

「毒舌キャラで売っているのに、営業妨害だ！」
と〝ほめて〟いただきました。

ポジティブ連想とイメージ表現で、「何かイメージが似ていて、イメージのよいものは、ないかな？」と探してみてください。

イメージの翼を思う存分に広げて、相手にぴったりの〝オリジナルな言葉〟が見つかったときは、相手がうれしいのはもちろん、言った本人もジンワリとうれしさが広がっていくものです。

創意と工夫で言葉の世界は広がる

3 人は「思い込んだ通り」の人になる

言葉には、人の長所や能力をぐんぐん伸ばす力があります。

言葉は、植物にとっての日光のようなもの。

ちょっとしたひと言をかけてあげたことで、大輪の花が咲いたように成長する人をたくさん見てきました。

でも、たとえば、未熟さのかたまりのような「まだまだ」の新人に、どんな言葉をかければいいの？　と思う場合もあるかもしれません。

そんなとき、私は「いや、『まだまだ』だからこそ、できるだけほめてあげてください」とアドバイスしています。

「前向きな言葉」をかけることによって生まれる効果は、一を十にするどころではありません。

ゼロから百を生み出すくらい、すごいものなんです！

「肯定的な勘違い」のススメ

言葉によって、人間の潜在能力が引き出される――これを「ピグマリオン効果」といいます。実験もされて証明されている心理学の定説で、「人は期待された通りの結果・成果を出すことが多い」というものです。

つまり、人は、まわりが「きっとこうだろう」と思い込むと、その通りの人になる、ということです。

ある小学校で知能テストをしたときに、権威ある学者が担任の先生に、「Aくん、Bくん、Cちゃんは知能テストの結果から、非常に能力が高いことがわかりました」と伝えました。

実際には、彼らは無作為に選ばれた子どもで、学者の発言にはなんの根拠もありません。

しかし、担任の先生はその言葉を信じました。

「この子たちは、できる子なんだ」と、いわばプラスの勘違いをしたわけです。

すると、その後、三人はトップの成績を取り続けたそうです。

この結果には、本当にびっくりです！

プラスの勘違いによって、担任の先生は子どもたちの能力を信じ、見守るようになり、それが子どもたちに「いい影響」をもたらしたのです。

この例からもわかるように、誰かに「成長してほしい」「才能を伸ばしてほしい」と思ったら、まずは、自分が「その人は成長できる、才能がある」と信じること。

そして、次に大事なのは声かけです。

本当に小さなことでいいから、「前向きな言葉」をかけること。

たとえば、会社で後輩を育てたいのであれば、こんなふうに。

「そのスーツ、いいね！」

「失敗したってことは、行動した証拠。成長してるね」

「見てる人は必ず、いる。少なくとも俺（私）は見てるよ、君の頑張り」


植物の芽が太陽の光を浴びて、すくすくと育つように、「思いやり」と「信頼」のこもったあたたかい言葉があれば、人はすくすくと育っていきます。

「芽が出たばかり」、あるいは「まだ芽も見えない人」ほど、いい言葉をかければ大きく育ちます。

無償の愛を運ぶ「太陽のような言葉」を持とう！

4 相手の心をひらく3つのコツ

初対面の人と打ち解けたい。気になるあの人と、もっと親しくなりたい。そんな場合、相手と会話をするときに、覚えておいてほしいことがあります。どれも基本的には相手を「ほめる」ということなのですが、三つのコツをお伝えします。

①外見から外見以外の〝ほめポイント〟を見つける

一つ目は「内面と結びつけてほめる」こと。

相手と仲良くなりたいとき、まずは相手をよく「観察」しましょう。髪型、服装、小物など、話をしながら、相手の個性（ほめポイント）をすみずみまでサーチします。

そして、その個性、外見を「内面の価値」につなげて伝えます。

「仕事がデキる人にふさわしいスーツですね」

「メモをとるときのしぐさがきれいですね。知性が表われていますよね」

などと、できるだけ内面に結びつけたほうが好印象です。

ただし、初対面の場合には、

「爽やかな服の色が、場を明るくしてくれますね。ホスピタリティを感じます」

などと、相手の印象から想像したことやパッと見のイメージを伝えるのでも、かまいません。

②〝小さな事実〟を入れてほめる

二つ目は「具体的な事実を入れる」こと。これは、初対面の人や、これから親しくなりたい人だけでなく、普段から近くにいるけれど、気持ち的にはあまり親近感を抱いていない人と距離を縮めたいときにも役立ちます。

「○○さんって、すばらしいよね！」というのでは、漠然としていますよね。

そこで「ここが」すばらしいという具体的な事実を、どんな小さなことでもいいから入れると、説得力が何倍にも増します。

たとえば、

「声のトーンが（落ち着いていて・朗らかで）聞きやすくて好きです」

「ほら！　この笑顔が素敵ですよね」

「必ず目を見てお話しいただけるので、話しやすいです」

など、何がすばらしいかを具体的に伝えましょう。

③プラスαの言葉で相手を癒やす

三つ目は、相手が「誰のどんな役に立っているかを伝える」こと。

ここまで「ほめる」ことについてお伝えしてきましたが、人はただほめられたいのではありません。

「自分が誰かの役に立っている」ということを知りたい。あるいは、「誰かから感謝されたい」ものなのです。

そして、自分が誰かの役に立っていると知ると、人は癒やされます。

ですから、「あなたの仕事ぶりは、すばらしい」よりも、

「あなたの仕事ぶりがすばらしくて、つられて頑張っちゃいました!」

と言われたほうが、「えっ、そうなんだ!」という驚きが加わって、よりうれしいものなのです。

目に見える行動について言うだけでなく、「あなたのおかげで、こんなことがありました」と、その行動の先に生まれた、相手の「他者への貢献」をきちんと伝えてあげましょう。

以上、この三つのコツを押さえると、言葉にぐっと「深み」が出てきます。

すると、あなたはまわりから好かれるだけでなく、尊敬され、信頼されるようにもなるでしょう。

言葉の「貫通力」を高める

5 「ちょっと足りないところ」があるくらいでいい

あなたは、普段、誰かを「助ける」ことが多いですか？

それとも、誰かに「助けてもらう」ことが多いですか？

もしあなたが「助ける」ことが好きで、そうした機会が多いのなら、ときには誰かに「助けてもらう」機会を増やしてみてください。

あなたの魅力が上がり、まわりに魅力的な人があふれるようになります。


たとえば、苦手なことがあれば、自分一人だけの力でなんとかしようとしたり、隠したりするのではなく、それを得意としている人に教えてもらうのです。

「人に接するのが苦手」「パソコンにうとい」「字が汚い」「手際が悪い」などなど……誰にでも「ちょっと足りないところ」があるもの。

人間関係をつくっていく上では、完璧であるよりも、むしろ「ちょっと足りないところがある」くらいのほうが、まわりの人たちと、より深い関係を築くことができます。

「相手の出番」をつくってあげる楽しさ

これって、ジグソーパズルみたいですよね。
ピースにへこみがあるから、ほかのピースとつながれる。
へこみが多ければ多いほど、たくさんのピースとつながり、大きな絵になる。
私は、これを「ジグソーパズル理論」と呼んでいます。

私はよく、「誰かと仲良くなりたいなら、小さな頼みごとをしよう」とすすめています。

35ページでも紹介したように、多くの人は、誰かを助けて感謝されることに喜びを感じるものだからです。まわりの人への貢献は、自分に対する最大の癒やしになるものなのです。

「助けてもらう」ことが、じつは相手を癒やすことになるんですね。

誰かに頼ることは**「あなたの出番なので、ぜひお願いします」**というメッセージになります。

たとえ、あなた自身が小さなピースであっても、あなたに何か素敵な「ビジョン」があれば、「私にも、手伝わせて」「私だったら、これが得意」と、あなたの足りないところを補ってくれるたくさんのピース（人）が集まってきます。

そして、いつかあなたの大きなジグソーパズル（夢）が完成するでしょう！

芸術家として知られるオノ・ヨーコさんに、こんな言葉があります。

「ひとりで見る夢は夢でしかない。しかし誰かと共に見る夢は現実だ」

あなたは、誰と、どんな夢を見たいですか？

素敵なビジョンがあれば、たくさんのピース（人）が集まってくる

6 花の「根っこ」をほめる人は好かれる

たとえば、

「営業で一位の成績を残した」

「難しい資格試験に合格した」

「ミス〇〇に選ばれた」

などの目立つ成果を上げると、賞賛の声を集めやすいですよね。


けれど、そうした成果は誰が見ても「すごい」ので、ただ「すごいですね！」と言うだけでは、相手の心には響きにくいものです。

さらに、わかりやすい結果だけをほめていると、「この人は、表面的にしか物事を見ない人なんだな」なんて思われてしまう場合も……。

花（結果）ではなく、根っこ（過程）にフォーカスした言葉を選ぶのが、「言葉」の力で人生を変えていく上級者です。たとえば、こんな言葉。

「すごい！　あのときは本当に一生懸命、準備していたよね」

「よかったね！　今までコツコツ頑張ってきたかいがあったね」

「Aさんが『Bさんは見えないところで努力してる』ってほめてたよ」

たとえば、手入れの行き届いているお庭にバラが咲いているのを見かけたら、

「きれいだなぁ」って思いますよね。

でも、みんなその下にある根っこや土のことまでは、考えない。

そのバラに水や肥料をあげた人がいることも、考えません。

なぜなら、目に見えないから。

けれど、そのうちのどれか一つでも欠けるものがあったら、花は咲きません。

“縁の下”に思いをはせる想像力が魅力と映る

日常でも、見えないところで支えてくれている「縁の下の力持ち」的な存在にこそ、光を当てて、感謝の気持ちを伝えたいもの。

たとえば、会社に来てくれているクリーンサービスの人、宅配便を届けてくれる人、事務をこなしてくれている人などに、

「いつも、ありがとうございます」

「いつもきれいにしてくれて助かります。今日も気持ちよく仕事ができます」

と、相手が「それをするのは当たり前」と思っていることにこそ感謝を伝える。

自分を支えてくれている人に、こんな言葉を自然体でかけられる人は、とても素敵に見えます。

「自然体で」わざとらしくなく伝えるには、習慣化することです。

「裏方」の仕事の大切さを知っていて、常に感謝を忘れない。

こういう人は、目上からも目下からも好かれるし、まわりに引き立てられます。

最初は意識して、やがて無意識にできるようになるまで習慣化していきましょう。

みんなが注目する「花」だけでなく、「根っこ」に思いをいたせる人になれば、いつかおいしくて甘い果実が、あなたのところにぽとりと落ちてくるはずです。

花の「根っこ」に思いをはせるクセをつけよう

7 ぜひ口グセにしたい！ 魔法の言葉「ほめ達 3S」

その〝魔法の言葉〟は、ある日、私のもとに天啓《てんけい》のように降ってきました。

仕事の打ち合わせで取引先のHさんと、お昼を食べに行ったときのこと。時間が限られたビジネスランチというシチュエーションだったのですが、「今日は寿司屋に行きましょう」とHさんは言いました。

「お寿司ですか？　すごい！」

私は、期待に胸をふくらませました。

目的のお店までは歩いて行ったのですが、その途中にも寿司屋が二、三軒ありました。そのたびに私は、

「さすが」

と、つぶやいていました。

だって、時間があまりない中で、ただ寿司を食べに行くだけなら、近いお店に行ったほうが手っ取り早い。

にもかかわらず、「一番近い店に連れて行くのではなく、一番おいしい店に連れて行ってくれる」Hさんの心遣いに感動したんです。

実際の味は、どうだったかって？

とびっきり、おいしかった！　私は食べ終わったあと、こうつぶやいていました。

「すばらしい……」と。

迷ったら、とりあえずこのフレーズ！

このとき無意識に出た、「すごい」「さすが」「すばらしい」。

私は「これだ！」と思いました。

これが、あなたを「ほめる達人」にする、**魔法の口グセ「ほめ達　3S」**です。

この三つの言葉は、素直な感動の表現です。

感動したことや、うれしいという気持ちを伝えたいとき、迷ったらまず、

「すごいですね！」

と言ってみてください。

人間の脳は、非常に高性能です。あなたが、素直に感動したり、うれしかったりしたのならば、なぜすごいのか、どうすごいのか、その「理由」を一生懸命に考え出してくれます。

「まず、ほめよ！　あとはそれから考えよ！」です。

そして、「さすが！」。

「さすが」という言葉には、「もともとすごいと思っていたけれど、あらためて思い知りました」というニュアンスがあります。

相手の心に、深く深くしみ込む言葉です。

また、相手の「よいところ」に気がつくあなたの観察力の鋭さも、ポジティブに相手に伝わります。

そして、あらゆる場面でオールマイティに使える上に、ほめ言葉の「仕上げ」にも使えるのが、この言葉。

「すばらしい」

感嘆とともに使ってもOKですが、小さな声で独り言のようにつぶやくと、さらに効果が増します。


この魔法の言葉「ほめ達　3S」は、ぜひ口グセにしておきたい言葉です。

「もうすでに、かなり使っています」という方も多いと思いますが、意識して使うようになると、さらに見えてくる景色が変わります。

あなたのまわりにいる人で、「この人には、またぜひ逢いたいな」と思う人を思い浮かべてみてください。この「ほめ達　3S」を使っている人が多いのではないでしょうか。

「すごい」

「さすが」

「すばらしい」

を口グセにすることで、今度は、あなたが「また逢いたいな！」と思ってもらえる人になります。

「すごい」「さすが」「すばらしい」——で「事実」に「感動」を

2章

「言葉の選び方」ですべてが好転！

なぜ「この人、愛があるなぁ」と思ってしまうのか

8 「たった2文字の違い」――この「差」は大きい

「この人には、愛があるなぁ」

と思ってしまう人は、何が違うのでしょうか。

結論から言うと、**言葉の選び方**です。

何気なく使っている言葉の語尾、細かい言い回し……。そういう細かいところにまで気を配り、「愛ある言葉」を使っているか、がポイントです。


それでは「愛ある言葉」とは何か。どう使えばいいのか。

難しくて、とても私には無理と感じる人もいるでしょう。

でも、大丈夫です。この本を手にとり、ここまで読んでこられたあなたは、すでに「愛ある人」なのです。

そこで、あなたの「愛」をまわりの人に上手に届けるための〝ちょっとしたコツ〟をこれから具体的にお伝えしていきます。

たとえば、誰かを励ましたいときに、あなたならどんなふうに声をかけるでしょうか。

最初に思い浮かぶのは「頑張れ」ですよね。

「大変だろうけど、頑張って。期待しているよ！」

「頑張ってください。応援しています！」

こういうメッセージは、適切なタイミングで発すれば、相手にとてもいい刺激を与えます。「頑張れ」は、基本的には積極的に使いたい言葉ですし、私もよく使います。

けれど、**あえて「頑張れ」とは言わないほうがいいとき**もあります。

それは、目の前の人が「もうすでに十分努力している」と思われるとき。

「頑張れ！」は、マラソンでいうと、四十キロ地点にいるランナーに向かって、沿道から旗を振るようなイメージ。

けれど、限界まで頑張っている人は、「走り疲れているのに、さらにムチ打たれている」と感じてしまうこともあるもの。

「こんなに頑張っているのに、まだ頑張れというのか……」と思ってしまい、逆効果になることもあるのです。

「頑張って」より「頑張ってるね」

ほめ達認定講師の中田徳子さんが「愛ある言葉」の力で救われた話です。

彼女がちょうど二人目の子どもを産んだばかりの頃。

下の子が生まれ、上の子が赤ちゃん返りして言うことを聞かなくなり、毎日怒ってばかりだったそうです。彼女は精神的にも肉体的にもくたくたで、ストレスでじんましんが出てしまいました。

そんなとき、病院に下の子の検診に行ったら、上の子のときにも検診を担当してくれた看護師さんが彼女を覚えていて、「どうしたの？」と声をかけてくれたそうです。

中田さんは、たまっていたグチを吐き出しました。けれど、心の中では「子育てがきちんとできていない」罪悪感でいっぱいでした。

そのときも「そんなことじゃ、ダメじゃない！」と叱られるんじゃないかと思っていたそう。

でも、その看護師さんは、しみじみとこう言ってくれたそうです。

「中田さん、子育て、ちゃんと頑張ってるんだねえ」

その瞬間、彼女は涙がボロボロ出てきて止まらなくなったといいます。

まわりに「頑張って」と言ってくれる人はいても、**「頑張ってるね」**と言ってくれる人は、なかなかいなかったんですね。

ずっと張りつめていた緊張が解けたのか、検診の待ち時間の間にじんましんは消えてしまっていたそうです。

「あなたが努力してるの、知ってるよ」

一生懸命に努力するのは、もちろんすばらしいことです。

けれど、精一杯、努力しても、どうにもならないときだってあります。

だから、もし目の前の相手を見て「疲れがたまっているみたいだな」「ちょっと余裕がないのかな」と感じたときは、マラソンランナーに沿道から一杯の水を差し出すつもりで、「頑張ってるね！」と、まずは「認めて」あげてください。


「すごく頑張ってるよね。何かできることがあったら、応援させてね」


すでにギリギリまで頑張っている人には、「頑張って」ではなく「頑張ってる・ね・」。

たった二文字の違いですが、その小さな違いに、人は大きな気遣いと愛を感じるものです。

誰でもみんな「認めてほしい」気持ちが、どこかにあります。

苦しいときは、とくに心の底から認められることを求めているはず。

それがどんなにささやかなひと言でも、

「あなたがすごく努力してるの、知ってるよ」

ということを伝える言葉は、のどをうるおす一杯の水のように、じんわりと相手の心にしみわたるでしょう。

「頑張ってるね」——この「2文字」に愛が宿る

9 「決めつけ言葉」は、気持ちも会話もしぼませる

会話を弾ませるのに、特別なテクニックは必要ありません。

ただし、これだけは知っておきたい「NGポイント」があります。

たとえば、絶対知っておきたいことの一つに、

「相手を否定したり、決めつけたりする言葉は使わない」

というのがあります。誰かと話をしていて、相手の話にいつも共感できるとは限りません。

「えーっ!!」とか、「それは、ありえない！」と言いたくなることもあるでしょう。

しかし、自分の感じた違和感をそのまま口にすると、相手の「心の扉」がパタ

ンと閉まってしまうことがよくあります。

「もっと、○○できる**はず**ですよね」
「○○さんの立場なら、こうする**べき**じゃないですか？」
「この世界の常識では、こういう**もの**でしょう」

もし、あなたがこう言われたら、ちょっとムッとしませんか？
「はず」「べき」「もの」という決めつけ言葉を使うと、どうしてもケンカ腰に聞こえてしまいます。だから、「基本的には使わない」ことを心がけてください。

「はず・べき・もの」は「恥ずべきもの」なんです。

あなたが決めつけた瞬間に、相手の「話したい」という気持ちがしぼんでしまい、会話が広がらなくなってしまいます。

「自分には、なかった発想」を楽しむ

海外旅行の必需品、コンセントの万能アダプター。国によって電源の差し込み口の形は違うのですが、それを解消してくれる便利な代物です。

人生においても拒絶の連鎖を防ぐ「万能アダプター」のような言葉があれば、便利だと思いませんか。

同じ国に生まれ、同じ言葉を使っていても、人によって価値観は違います。地方によって正月の雑煮の具が違うように、目玉焼きにかける調味料が違うように、「常識」すら人によって様々です。

人の顔がそれぞれ違うように、価値観は人の数だけあると言ってもよいでしょう。

この世に、「間違い」はなく、ただ「違い」が存在するだけ。

臨床心理学の世界で有名な言葉に「その人にとっての真実」というものがあります。本人が真実だと思い込んでいることを、他の人が変えることはできないという意味です。

自分と違う考え方をする人、価値観の違う人と話すときに、すぐに「否定」や「拒絶」をしてしまう人は、頭の中でこう唱えてみてください。

「これは間違いじゃない。ただの違いだ」と。

こう唱えるのが、どうしても難しければ、海外の人としゃべっているつもりで。今までは「ありえない」と感じていたことも、**「自分にはなかった発想だな」**と、広い心で受け止めてください。

自分の意見とは一八〇度違う意見が出てきたら、まずはこの言葉でキャッチ。

「(へぇ、そういう考え方もあるんですね) 面白い!」

さらに敬意を込めたいのであれば、**「勉強になります」**というフレーズもおすすめです。年下の人には「刺激を受ける」などもいいでしょう。

（目上の人に）

「なるほど、そういう考えもあるんですね」

「○○さんのお話は、本当に勉強になります！」

（友人などに）

「へえ！　その発想はなかったな。すごく刺激になったよ！」


「違い」を受け入れるひと言は、相手の心を開き、言葉のキャッチボールをスムーズにします。自分を認めてくれる人というのは、どんなボールでもとってくれる、名キャッチャーのような存在。

あなたがうまく受け止めるほど、相手はもっとボールを投げたいと思うのです。

言葉の〝名キャッチャー〟になってみる

10 「他力」本願、大歓迎！

突然ですが、あなたは「限界まで全力を出した経験」が何回ありますか？

とにかく「やりきった！」という経験です。

本気になる瞬間というのは、人生でそれほどたくさんは、ありません。学生時代のスポーツやバイトであれ、社会人になってからの仕事や資格をとるための勉強であれ、あなたに「全力を出しきった」経験があるなら、それはすばらしいことです。


そんな経験がある人は、そのときの心境を思い出してみてください。

多くの場合、人は「自分のため」に頑張ろうとします。

でも、じつは人間は「自分のため」だけに頑張るのには、限界があるんです。

北京オリンピックのとき、日本女子バレーボール代表のメンタル・トレーナーは、「おまえにとって最高のシーンを頭に思い浮かべろ」と、選手たちに言ったそうです。

そう言われれば、誰でも「自分が勝った」シーンを思い浮かべますよね。

しかし、トレーナーはこう続けました。

「金メダルをとって、自分を今まで支えてくれた一番大切な人の首にかけているときの、相手の表情を思い浮かべなさい」

と。

つまり、単に勝つことが「最高」じゃない。

誰かを幸せな気持ちにすることが、一番の「最高」だというのです。

自分の潜在能力を引き出す〝トリガー(引き金)〟とは?

努力し、全力を尽くして自分が望んだ〝結果〟が出たときに、多くの人は「自分が頑張っていたから結果が出たんだ」と思うでしょう。

しかし、あるレベルを超えると、
「ここまで努力できたのは、自分だけの力じゃない。まわりの人のおかげだ」
と気づくんですね。

だから、「まわりに恩返ししたい」という「思い」は、潜在的な能力を引き出すトリガー（引き金）になるのです。

「他力本願」という言葉は、「人を頼って楽をする」といった意味で使う人がいますが、これは誤用とのこと。

本来、「他」は仏を指し、「自己中心的な欲望を捨てて、仏の力を借りて望みをかなえようとすること」が他力本願の本来の意味で、すごく前向きな言葉なのだそうです。

「自分が、自分が」という気持ちを捨てて、**「誰かのため」**と思う。

「自分のためだけに頑張っている人」よりも、**「誰かのために頑張っている人」のほうが、強いんです。**

「ああ、もうこれくらいが限界だな」

と思ったときは、

「○○さんの笑顔を見るために、あとひとふんばり」

「家族が幸せになれるように、もうちょっとだけ頑張ろう」

と、考えてみてください。きっと、自分でも思ってもみなかったパワーが出てくるはずです。

大きな目標を達成したいときは、まわりの人の力をたくさん借りるつもりで、おおいに「他力」本願でいきましょう！

ただし「他力」は「自力」を出し尽くさないと現われないことも忘れずに。

「誰かのため」に頑張っている人は、無敵

11 「当たり前」のありがたみに気づく

私の家には「魔法のタンス」があります。

私は何もしていないのに、引き出しを開けるたびに、洗い立ての下着や靴下が入っているんです。すごいでしょう？

しかし……。

ある日突然、魔法がきれてしまいました。

引き出しの中はスカスカ。

洗濯機の横に山と積まれた洗い物を前に、私は途方にくれました。

「魔法のタンスがこわれた！　いったいどうすればいいんだろう……」と。


みなさん、すでにおわかりですよね。

なんのことはない、私の奥さんが服を洗って、いつもタンスの引き出しにきちんとしまってくれていたんですね。

でも、私はそれを当たり前のように感じていました。

そう、まるで「魔法のタンス」であるかのように。

奥さんが病気で倒れたときに、初めてそれが「当たり前」ではないということに気づいたんです。

「日常の感謝」の上手な伝え方

あなたの日常に「魔法」をかけてくれている近しい人たちに、日頃の感謝を込めて、「ありがとう」を伝えましょう！

「あらためてお礼を言うなんて、照れくさい」

と思うかもしれませんが、そのときどきに、きちんと伝えることが大切。

とくに母親に対して感謝を伝えたいときにおすすめの日が、**自分の誕生日**。

この日はいわば「お母さんが、あなたを産むために頑張ってくれた日」です。

むしろ、あなたがお母さんに感謝を伝え、「ありがとう」と言うべき日なんです。

私は毎年、自分の誕生日に「自分を産んでくれてありがとう」と母親に電話とメールで伝えています。


（両親に）

「〇年前、私を産んでくれてありがとう。ここまで育ててくれて、ありがとう」

「家族のために、仕事を頑張ってくれて、ありがとう」

（パートナーに）

「忙しい中で、家族との時間をつくってくれて、ありがとう」

「いつも健康に気を遣って食事をつくってくれて、ありがとう。すごく助かるよ」


お礼を言うのは、別に、記念日じゃなくてもいいんです。

何かをしてもらったときや、たまたま電話をかけたときでもいい。

感謝の言葉を贈ったときのあなたの表情は、高価なプレゼントをあげたときよりも、ずっとずっと輝いているはずです。

「いつか言えばいいや」と思っていると、チャンスは何年先になるかわかりません。

身近な人への「ありがとう」は、いつかではなく「今」言いましょう。

〝言葉のプレゼント〟を渡すのに、記念日まで待たなくていい

12 さみしくなったら、おへそを見よう

「ほめ達」として活動しているせいでしょうか。

私はまわりの人から「きっと二十四時間メチャクチャ明るい人なのだろうな」と思われることが多いのですが、その通り！　そしてさらに、かなりの泣き上戸。いい話を聞かされると、すぐにほろっときてしまうんです。

息子が小学校二年生のときの授業参観でのこと。

その日の授業は「私たちが生まれてくるまで」というテーマでした。

「お母さんに自分たちがお腹にいた頃のことを聞いてくる」という宿題が出ていて、子どもたちの発表から始まりました。

「私がお腹にいるときは、お母さんは嫌いなものも、赤ちゃんの栄養のために頑

張って食べていたそうです」

「お腹を何回も蹴る私に『元気な赤ちゃんね』とさすりながら話しかけていたそうです」

など。そして、発表のあと、先生がみんなにこう言いました。

「お母さんは、みんな、大変な思いをして、あなたたちを産んでくれたのです。赤ちゃんがお腹にいる十カ月もの間、お母さんは赤ちゃんのために一生懸命に栄養をとり、体調に気をつけていなければいけませんでした。あなたたちは、お母さんのお腹の中でお母さんの羊水に包まれ、お母さんとおへそでつながって栄養をもらっていたんです」


「私たちのお腹に、おへそがあるということは、『誰のお世話にもならずに、この世に生まれてきた人はいない』という証明なんです」


私の胸にガツーンと来た、この言葉。

今はいい年になり、偉そうにひとりで生きている感覚があった私。

年老いていく母を、どこかで追い抜いたと勘違いしていた私。

母がいなければ、自分はそもそも、この世にいない。ひとりぼっちで生まれる人は誰もいない――そんな当たり前のことを、改めて気づかされた瞬間でした。

気づけば、ボロボロ涙が……。もう少しで号泣してしまうところでした。

“絶対的なつながり”に気づく言葉

もし、仲のいい友だちがひどく落ち込んでいたら、こう声をかけてあげてください。

「さみしくなったら『おへそ』を見ると、いいらしいよ」

「へえ、なんで?」と聞かれたら、「それはね……」と教えてあげてください。

「あなたがお母さんと、しっかりつながっていた証拠なんだよ。生まれながらにひとりぼっちなんて人は、ひとりもいないんだよ」と。

「当たり前のこと」の中に奇跡がある

13 夢への背中を押す言葉

もしも、あなたの家族やパートナーが突然、「会社を辞めたい」と言ったら、あなたはどんな言葉をかけますか?

大切な家族やパートナーが夢や目標を見つけて頑張ろうとしているときは、できるだけ、背中を押してあげたいですよね。

純粋に応援するのか、それとも、現実をつきつけて引き止めるのか。

相手が大切な人であればあるほど、難しいものです。

ほめ達検定の講師養成講座に、大分で中学校の先生をしている方がいました。

彼はみるみるレベルアップして認定講師になったのですが、なんと、その学びの途中、半年の養成講座の半ばにして、ほめ達に対する情熱が高じて、教師を辞めてしまいました。

「ほめ達の講師、一本で食べていきます！」と宣言されたのです。

もちろん、私としては非常にうれしい出来事でしたが、やはり、講師一本では、経済的には不安定になります。

彼は結婚していたので、「本当にいいのかな？」と思いました。

彼が意を決して、

「ほめ達の講師としてやっていきたい」

と告白したとき、彼の奥さんはこんなふうに言ってくれたそうです。

「わかった。**三年待ってあげるから、そのあとは贅沢《ぜいたく》させてね**」と。

ここまで肚《はら》がすわった言葉を言える奥さんは、なかなかいないのではと思いますが、すばらしい。

あなたがあなたらしく輝く夢があるなら、応援したい。三年の猶予をあげるから頑張ってね、ということでしょう。

「三年」と目標の期限まで設定した上で、励ましてくれたんですね。

もしも、「わかった。頑張ってね」という言葉であったなら、彼は少々申し訳ない気持ちになったかもしれません。

でも、「三年後は贅沢させてね」と言われたことで、「よし、わかった!」とパワーが湧いてきたことでしょう。

こんなふうに背中を押してもらえると、本人はすごく救われるものです。

肚のすわった女性がいるから、男は頑張れる

こんな話があります。

ある日、ヒラリー・クリントンさんが、旦那さんのビル・クリントン元大統領と車に乗っていて、ガソリンスタンドに立ち寄ったときのこと。

そのガソリンスタンドで、ヒラリーさんの昔のボーイフレンドが働いていたそうです。

クリントン元大統領が、

「君が彼と結婚していたら、どうなっていただろうね」

と聞くと、ヒラリーさんはひと言。

「彼が大統領になっていたわね」

……いかがでしょうか。この自信。肚のすわりっぷり。

肚がすわった女性がいるから、男は頑張れる。

女性の支えがあるから、男は大きな決断ができるのです。

私自身も、大きな決断をする際に、奥さんが、

「わかった。でも、将来は左うちわで暮らさせてね」

と言ってくれて、頑張れたことが何度もあります。

あなたのパートナーが、何か悩んでいたら、ぜひ、思いやりと度胸あふれる「愛のむち」で背中を押してあげてください。

それは相手にとって、きっと一生モノの名言になるでしょう。

パワーを引き出す「愛のむち」

3章

相手の「いいところ」にスポットライトを当てよう！

「笑顔」の伝道師になる小さなヒント

14 上司や先輩には「ヒーローインタビュー」を

目上の人、先輩や上司との人間関係に悩むことって、ありますよね。

「もっと、いろんなことを教えてもらいたい」

「もっと、部下としてきちんと認められたい」

「もっと、かわいがられたい」

など、上司や先輩にいろいろ不満がある人もいるでしょうが、できる先輩や上司はしっかりと自分の味方につけておきたいもの。


上司や先輩の心をひらき、自分の味方になってもらうために、一番効果的で、スマートな方法をご紹介します。

それは、**ヒーローインタビュー**の要領で、質問をすること。

スポーツの試合のあとに行なわれる、あれです。

「○○さんが若い頃は、どんな勉強をされていたんですか？」

「若い頃は、どんな本を読まれていたんですか？」

「○○さんは、いつもパワフルですけど、体調管理はどうされているんですか？」

「○○さんみたいにテキパキと仕事を片づけたいんですが、どんなふうに時間管理をされているんですか？」

といった具合です。

この〝サブ・メッセージ〟が相手の心に刺さる

「わざわざ聞かなくても答えは知っています」って？

いいえ、**聞くこと自体に意味があるんです！**

これらは一見、素朴な質問の形をとりながらも、

「あなたを尊敬しています」

「○○さんみたいに、なりたいです」

という意思表示になっています。

ですから、相手が、

「え？　そんなこと聞いて、どうするの？」

と照れて答えてくれなかったとしても、いいのです。


コツは、相手が得意な分野、自慢に思っていることについて聞くこと。

「前からずっと聞きたかったんですけど……」

と言い添えると、説得力がアップします。


尊敬の念を込めてインタビューされたら、誰しも悪い気はしないもの。

ヒーローインタビューをしていると、相手にかわいがられる上に、自分の成長にもつながりますし、話題を広げるきっかけにもなります。

ちょっと気難しそうに見える相手ほど、これは試す価値ありです。

相手のふところに飛び込むつもりで、どんどん「ヒーローインタビュー」をしましょう！

相手の〝得意分野〟をどんどんひらこう

15 「あなたの存在を認めます」というメッセージ

学生時代、三文字の名前に憧れていました。「けんた」とか「たかし」とか。なぜなら、彼らは下の名前で呼ばれることが多かったからです。自分の名前は大好きではあったのですが、「たかよし」とは、なかなか呼ばれにくい。些細なことですが、所属していた体育会系のクラブで、下の名前で呼ばれている仲間をみると、どこか先輩と親密な感じがして、寂しさを感じていました。

そんなとき、たまたま練習を見に来ていた大先輩ＯＢが私に、

「おい、たかよし！」

と声をかけてくれました。その先輩も私と同姓の西村だったので、下の名前で呼んでくれたのです。そのとき、こう思いました。

「自分の名前を呼ばれるのって、こんなにうれしいことなんだ！」って。

それ以来、私自身、後輩の下の名前が四文字ならば、わざと下の名前で呼ぶようにしています。

社会人になると、さすがに下の名前で呼ばれる機会は少なく、苗字で呼ばれることがほとんどです。

それでも「西村さんは……」と名前を入れて会話してくれる人の話には、思わず耳を傾けたくなります。

職場では「部長」「主任」などと、苗字を呼ばないケースもありますし、そもそも、連絡をメールで済ませるところも多いですが、それはちょっと残念。

やっぱり、どんな人間関係においても、「名前をきちんと呼ぶ」って、すごく大事だと思います。

名前を呼ぼう。やがて名前で呼ばれるようになるから

子どもから大人まで、誰もが大好きな言葉。何度言っても、嫌がられない言葉。

それが「自分の名前」なんです。

「○○（苗字）さん」と呼び合うことで、初対面でも距離がぐっと縮まります。名前を呼ぶだけで、相手に「あなたの存在を認めます」というメッセージになります。

また、会話の中で、相手の注意をひきたいときにも効果的です。

「○○さんは……」と自分の名前を言われると、相手はドキッとして意識がこちらにフォーカスするので、言葉が相手の心に届きやすいんですね。

たとえば、質問をするときは「どう思いますか？」より、

「○○さんは、どう思いますか？」

のほうが、相手は真剣に答えてくれるでしょう。

ほめるときも、

「○○さんは、いつも文字がていねいですよね」

と、名前をきちんと呼んでほめたほうが「そういえば、あのとき、ほめてくれ

たな」とずっと記憶に残るものです。

とくに覚えておいてほしいのは、ちょっとした頼みごとをしたいときに、「○○さん」と名前を言うと非常に効果があるということ。

「この仕事は○○さんにお願いしたい」

と言うと、**「指名」のニュアンス**が出るので、面倒だなと受け取られそうなことも、「頑張ってみよう！」と引き受けてもらいやすくなります。

どうでもいい仕事ならば、わざわざ指名しませんから。

質問や頼みごとをするときも、ほめるときも、言葉をいかに相手の心に届けるかがポイント。自分の言葉が相手のハートにうまく届くように、ぜひ、意識して相手の「名前」を呼びかけてください。

誰にとっても大切な言葉、名前

16 この「微差」の積み重ねが、あとから効く

あっという間に人の心をつかむ達人は、どんな話し方をしているのか？

圧倒的な話力というのは、じつは、〝ちょっとしたこと〟の積み重ねから生まれます。

よく、**「神はディテール（細部）に宿る」**といいますよね。

たとえば一流の職人さんの仕事は、本当に細部にまで細やかに神経が行き届いている。それと同じように、人の心をつかむ達人たちも、**普通の人とは違う「微差」**を積み重ねています。

では、その「微差」を積み重ねるには、どうしたらいいのでしょうか。ここでは、その方法をお伝えしたいと思います。

◆ほめ言葉――話題を広げる〝つかみ〟

一つ目は、ほめ言葉。

「いいお名前ですね」

「すてきな笑顔ですね」

「すごいお話ですね！」

自分や自分の行動を「いいですね！」「すごいですね！」とほめられて、嫌な気分になる人はいません。

「いえいえ、そんな」と謙遜されたら、続けてどんなところがすばらしいのか具体的に伝えれば、自然とあなたの話に耳を傾けてもらえるでしょう。

ほめ言葉は会話を盛り上げて話題を広げる「つかみ」になるのです。

◆共感する言葉――まずは相手を「受け止める」

二つ目は、共感する言葉。

「なるほど、確かに……（深くうなずいて）」

「わかる、わかる！」

「まさに、おっしゃる通りですよね」

たとえ話の内容などに全面的に同意できなくても、「深いですね！」「面白いですね！」などと言って、いったんは受け止めましょう。

「目を見開いて相手を見る」「ゆっくり、うなずく」など、ちょっとしたしぐさをしたり、身振り手振りを加えたりすると説得力がアップします。

◆質問――「あなたのことをもっと知りたい！」

三つ目は、質問。

「へえ、面白いですね！　それはどんなものですか？」

「○○さんの意見を、ぜひ、うかがいたいです！」

「今のお話をうかがっていく、ふと疑問に思ったんですが……」

質問は「あなたに関心を持っていますよ」というサインであり、相手の心の扉をひらくためのカギです。

いかがでしょうか。

人の心をつかむには、まず「あなたに関心があります。あなたのことを、もっと知りたい」という気持ちを、相手にわかる形で伝えることが大切、ということがおわかりいただけたでしょうか。

人は自分に深い関心を持ってくれる人のことを、なかなか嫌いにはなれないものです。

相手への素直な関心を、相手にわかりやすく、素直な言葉で伝えていきましょう。

「ほめ」「共感」「質問」で相手に寄り添う

17 「あいづち」の魔力

誰かの話を聞いているとき、多くの人が脇役になったつもりで油断しているもの。

しかし、じつは話を聞いているときの「あいづち」も、立派なメッセージになります。

「自分は話し下手だから」

「相手にどんな言葉を返していいか、わからない」

という人でも大丈夫。

ちょっと意識して「あいづち」をうつだけで、相手に「聞き上手だな」「この人に話を聞いてもらうのは気持ちいいな」と思ってもらえます。

話し下手な人でも、「聞き上手」になることで、コミュニケーションの達人になれるのです。

テレビの人気司会者、とくにお笑い芸人の方たちをよく見ていると、みなさんあいづちがうまいですよね。

ごく普通のトークなのに、絶妙なタイミングで「ええ～！」という反応で自己主張して場を盛り上げたり。達人レベルの聞き上手は、あいづちのタイミングからして、絶妙です。

やっぱり、相手が興味がなさそうに無言で聞いているのと、**身を乗り出して「へええ！」と驚いてくれる**のとでは、話しているほうにとっては、断然、後者のほうがうれしい。

このように、あいづちを意識するだけで、コミュニケーション能力が、一気にあがります。

だから、話し下手でも、大丈夫。

「あいづち」にも、いろいろ種類がありますが、「幅があったほうがいい」ということを覚えておいてください。

◎「ほお～」「へえ～」……驚き、感心
◎「はい！」「ええ、ええ」……納得
◎「なるほど～」……より深い納得

こんなふうに、いろいろなパターンを混ぜながら使うと、「話をじっくり聞いてくれているな」という印象を持ってもらえます。

声は、いつもの自分の声より、半音ほど高くするのがコツ。

その状態で「へぇええ！」と驚きの声を上げると、感心していることがリアルに伝わります。

この「しぐさ」で相手の気分も盛り上がる

また、「しぐさ」を取り入れることで、聞き上手になれる方法もあります。

私がおすすめしているのは、次の六つのワザ。

◎（要所要所で）相手の目を見る
◎笑顔でうなずく
◎相手が言ったことを繰り返す
◎メモをとる
◎相手の話を要約する
◎質問する

これらは、もちろんすべて実行してもＯＫです！

たとえば、誰かと話しているときに、

「あ、ちょっと待ってください。メモしていいですか？」

と言うと、話しているほうは気分がよくなります。

気になった単語を書き留めるだけでもいい。

メモするノートがなくても、たとえば場所がカフェであれば、書きつけるものはコースターだっていいんです。

相手に気持ちよく話してもらうために、ゲストを迎えた名司会者になったつもりで、あいづち上手、聞き上手になりましょう。

「あなたの話に感心してます!」を目一杯、表現する

18 「お疲れさまです」を翻訳して伝えよう

社会人がよく使う言葉で、使用頻度の一位、二位を争うだろう言葉、といえば？

「お疲れさま」ですよね。

（メールで上司に報告するときに）

「○○部長、お疲れさまです。今週の打ち合わせについてですが……」

（電話で先輩と連絡をとるときに）

「お疲れさまです！　今、大丈夫ですか？」

このように、「お疲れさま」は日常的な挨拶としてオールマイティーに使える便利な言葉です。

日本独特のビジネス語、ともいうべきこの言葉。

じつは、私はあまり使いません！


私は昔から、仕事はあくまで「ワクワクしながらやりたい・やるべきだ！」と思っています。

ですから、疲れていないのに「疲れ」という言葉を使いたくないのです。

「ネガティブな言葉を減らして、ポジティブな言葉を増やす」という使命を負った「ほめ達」としては、あくまでも細かいところにこだわりたい！


だから私は、仕事で仲間をねぎらいたいとき、

「お疲れさまです」

ではなく、

「ワクワクさまです」

と言うことにしています！

実際、スタッフに連絡するときなど、ごく日常的に使っています。

事務所にお客さんが来ているときに使うと、お客さんに驚かれますが、そこはご愛嬌。

どうせ毎日使うなら、使っていて、自分が気持ちいい言葉を使いたいのです。

「今日の仕事はちょっと大変だな」というときも、電話の向こうから「ワクワクさまです！」と元気に言われると、「よし、頑張るか！」と、ちょっとテンションが上がります。

「ねぎらいの言葉」にも楽しいバリエーションを

ところで、「お疲れさま」という言葉は、英語にうまく訳せないそうです。

英語では、場面によって言葉を使い分けているんですね。

Thank you for your good job!

(仕事をしてくれてありがとう)

Good job!
（いい仕事だったよ）
See you tomorrow!
（また明日！）
など。

仕事や頑張りをねぎらうときには、こんなふうにいろいろな表現方法がありま す。日本の「お疲れさま」も、少し多様化してもいいのでは？

この本を読んでくれた人がみんな、職場で「お疲れさまです」ではなく「ワクワクさまです」と言うようになってくれたら……。

想像するだけで、ものすごく楽しみです！

その「お疲れさま」、どう言い換えますか？

19 シンプルだけど効果大! 「完璧です」の魔法

炭火焼がおいしい、北海道のある人気の居酒屋さんに行ったときのこと。

そのお店では、魚介類や野菜を自分で焼くスタイルをとっていました。なかでも、しいたけがおいしくて、「しいたけの日本一おいしい食べ方」を教えてくれる、というのが売り。

食べる前に、みんな焼き方のレクチャーを受けます。

まず、最初に炭火の上にのせた網に、しいたけを、傘の内側が上を向くようにしてのせます。

しいたけから水蒸気が出てきたら、しょうゆは絶対にかけない。かけたら、しいたけは没収されます。なんせ厳しいのです。

ひとしきりレクチャーを受けて、いよいよ実際に焼き始めることになり、緊張感の中で私は、おそるおそる、しいたけを網の上にのせました。

その次の瞬間、網の上のしいたけを見た大将が、私に向かって一言。


「完璧!」


私は、その言葉を聞いて思わず、鳥肌が立ちました! ただ、しいたけを網の上にのせただけなのに、自分がとても「デキる人」に変身したように思えたのです。

「いやあ、お客の気持ちをわかっているなぁ。さすが人気店!」と思いました。

相手の〝達成感〟をくすぐるひと言

「完璧!」「完璧です」

あらためて考えると、いたってシンプルなのに、力のある言葉ですよね。

しかも、日常で気軽に使っても、そんなに違和感がない。すばらしい言葉です。

今まで「OKです」「大丈夫です」と言っていた場面で、「完璧です！」を使えば、相手は「やった！」と達成感が湧くでしょう。

どんなに小さな努力、小さな結果でも「最高だ、これ以上はない！」なんてほめられたら、誰だってうれしいものです。

たとえば、レストランで「ご注文の品はすべてそろいましたか？」と聞かれたとき。後輩や同僚にちょっとした仕事を手伝ってもらったとき。

パートナーに食器を洗ってもらったなんていう、ささいな場面でもいい。

また、小さなお願いを聞いてもらったときや、頑張りをたたえたいとき。

すかさず「完璧だよ、ありがとう！」のひと言を。

相手をひととき、**素敵な誇らしさ**で包んであげましょう！

相手を〝素敵な誇らしさ〟で包んであげる

20 人をたちまち元気にする「なんか、好き」

誰に言われても、無条件にうれしい言葉ってありますよね。

たとえば、こんな言葉。


「なんか、好きなんだよね」

「愛がありますよね！」

「それが強みだね」

「可能性を感じます！」


これらは、どんな場合でもオールマイティーに使える魔法の言葉。

たとえば、自分に自信を持てない人を励ましたいときや、失恋や失敗でへこんでいる人をなんとか元気づけたいとき。こんなふうに伝えれば、相手はぐっと前向きな気分になります。


「○○さんの（話し方・雰囲気etc.）、なんか、好き！」

「○○さんって、人に対して愛がありますよね」

「（仕事に対する）思いがあるね。可能性を感じる」

「（結果はダメだったけど）そういう粘り強いところが強みだね」

「やっぱり、愛があるよね」

「好き」「愛」「情熱」「可能性」……。

これらの言葉は、**「言葉の器」**が大きいんですね。

つまり、いろいろなケースに応用できる、**ふところの深い言葉**ということ。

これらの言葉は、あくまでも「自分がそう思った」という主観で使うのでＯＫ。客観的な証拠がなくても、自分がそう思っていれば使えるのが大きなポイント。

ですから、いくら相手が、

「いや、そんなことないですよ！」

「私なんてまだまだ……」

と言っても、

「ほかの人はなんて言うか知りませんが、私はいいなぁ、好きだなぁと思ったんです。理由はうまく説明できないんですが……。やっぱり、愛がありますよね」

と主観でまめ返すことができます。


人は誰でも、誰かに認められたいもの。心が弱っているときは、なおさらです。だから、人を励ましたいとき、元気にしたいときは、「なんか好き！」「可能性を感じる」などの言葉をかけてあげましょう。

「器の大きい言葉」「ふところの深い言葉」のストックを増やす

21 「いいこと」こそ〝先手を打つ〟

たとえ、たったひと言だろうと、あなたが発した「言葉」は、まわりの人の心に大きなパワーを与えます。

このパワーを、見くびってはいけません！

レストランやホテルなどに行くと、たくさんのスタッフに接しますよね。

そして、「今日は愛想のいい人に当たったな」というときと、「愛想がよくない人だったな」というときがあると思います。

そのアタリ・ハズレの確率は、じつは平等ではなく、アタリばかりを引く人とそうでない人がいるのです。

そして私は、アタリを引く人。「愛想のいい人」にしか出逢いません。

なぜでしょうか？

これは自分でも最初気づかなかったのですが、理由はすごく簡単なことでした。

私が「**先手を打って愛想よくしてる**」からなんです。

“ホメグセ”の驚くべき効果

仕事柄、出張先で、一人でレストランや飲み屋をぶらりと訪れることがあります。

そういうとき、私は、反射的にそのお店の料理、スタッフを**ベタボメ**してしまいます。

まさにクセになっているのです。「**ホメグセ**」。

「このお店は、料理だけじゃなくて、笑顔がいいですよね！　二倍おいしく感じます」

「ここのお店は、初めてでもホッとできるお店ですね」

「まさに、旬の味ですね。一番おいしいときに最高の調理で食べられるなんて、最高に幸せです！」

そう言うと、

「いやぁ、そう言っていただけると、うれしいです」

と、みんな笑顔になりますし、料理もいっそうおいしく感じられます。

さらに、次に行ったときにも「このあいだは、どうも」なんて、顔を覚えていてくれたりすることも。いいことずくめです。


あるいは、タクシーを使うとき。「ああ、つかまってよかった」と思って乗り込むと、たまたま、無口でしかめっ面の運転手さんだったりすることも……。

そんなとき、私は気にせず、こんな言葉をかけます。

「見つけて乗せていただいて助かりました」

「さすが道選びがスムーズですね！」

「運転手さんのおかげで早く着きました！」

こんなふうに話しかけるだけで、苦虫を噛みつぶしたような顔をしていた運転手さんが、赤ちゃんみたいな笑顔になるときがあります。

誰でも、プロとしての仕事ぶりをほめられれば、やる気が出るもの。

「根っから愛想の悪い人」なんて、じつはいないんです。

「いい言葉」というのは、まわりにどんどん伝染していきます。

レストランやカフェ、居酒屋、雑貨や洋服などのショップ……。

どんなお店でも、気持ちのいい時間を過ごしたいと思ったら、スタッフの方をねぎらう気持ちや感謝を表わすひと言をかけてみてください。

「いい言葉」を使うのは、まず自分から！

そうすれば、きっとあなたのまわりにも笑顔と「いい言葉」が増えていきます。

言葉の先手必笑

4章

心と体に「不思議なパワー」がみなぎる！

人生が好転する“おまじない”をかける

22 おまじないを「上書き」する

普段、私たちが何気なく使っている言葉は、「おまじない」のような働きをします。

私たちは毎日、気づかないうちに、まわりの人から「おまじない」をかけられています。また、自分でも「おまじない」をかけながら生きています。

それは私たちが考えている以上に、よくも悪くも**言葉は自分に影響を与えるということ**。

無意識に発せられる言葉の持つ力は「おまじない」程度のものですが、毎日かけられ続けると、威力が増していきます。

とくに、**マイナスのおまじないは「意思ある言葉」で上書きしていくことが大**

切です。

たとえば、「苦手」という言葉が口グセになっている人、いませんか？

「大勢の前に出るのが苦手で」

「スピーチがちょっと苦手で」

など。

「○○が苦手だ」と繰り返し言うことは、極端な話、自分に「おまえは、これができないのだ」と、おまじないをかけているのと同じ。

〝よくないおまじない〟って、つまりは「呪い」です。

ですから、こういったネガティブな言葉は、今すぐ「使わない」と決めましょう！

「苦手」ではなく「こちらのほうが得意なだけ」

私が感心したのは、プロゴルファーの石川遼選手の言葉。

「(これについては)苦手ですよね?」とインタビューで聞かれたとき、彼はどう答えたか?

とてもシンプルな答えでした。

「いえ、それよりも、こちらのほうが得意なだけです」

私はこれを聞いて「すばらしい!」と思いました。

同じことを言っているのに、イメージがまったく違います。

彼は「苦手」というネガティブな言葉を「使わない」と決めているのでしょう。

言葉の暗示力は、ときに体の動きにまで影響するもの。

一流のアスリートは、そのことを経験から知っているのです。

よく言いがちな「疲れた」や「忙しい」も「苦手」と同じです。

ネガティブな言葉を使いそうになったら、ポジティブな言葉にすかさず脳内で変換してください。

たとえば、一日の仕事の終わりに、無意識に口をついて出る、「しんどい」「疲れた」という言葉。

「疲れる」のは、あなたが「いい経験をしている」ことの裏返し。

だから、「疲れた」と言いそうになったときは、

「今日も一日、頑張った！」
「またひとつ成長した！」

と言い換えてみてください。

言葉をポジティブなものに変えるだけで、体の中に不思議なパワーがみなぎってくるはず。明日が今日よりも、もっといい日になるように、自分自身に、「いいおまじない」をたくさんかけてください！

言葉の「暗示力」を味方につける

23
まずは「イエス」と受け止める

たとえば、あなたが朝、マンションを出ようとしたときに、管理人さんが掃除をしていたとします。

あなたは管理人さんと目が合っても、会釈だけで通り過ぎてしまうでしょうか。それとも、「おはようございます！　いつもありがとうございます」と声をかけるでしょうか。

いつもお世話になっている人に挨拶するのは、人づきあいの基本。何より、きちんとお礼を伝えると、自分が気持ちいいものです。

あるいは、会社で後輩や部下が、出来がいまいちの企画書を提出してきたとしたら？

「これじゃあダメだよ。書き直して」と言いたくなります。でも、そこをグッとこらえて、

「そうくるか！　面白いアイデアだね！」

とキャッチするのです。

「こんな〝クセ球〟をキャッチできる俺って、すごい……？」なんて思ってもいいでしょう。

その上で、

「この企画を実現させるために何が足りないか、考えてみようか？」

と言葉を続ける。

「書き直し」を促しているのは同じですが、相手が受ける印象はまったく違います。

前向きに〝空気を破れる人〟になる

相手の言葉やリアクションを否定せず「イエス」で受け止めること。肯定から

入ると、相手の「心の扉」がすっとひらくのです。

人はつい「ダメ出し」をしてしまいがちです。それは本能的なこと。それでもなお、「いいところ」を見つけていこうとすること。

「空気を読む」から一歩進んで、**「前向きに空気を破れる」**人は、どんなときでも貴重な存在です。

一見ダメに見えるものに対しても、

「それ、面白いね！」

「いいね！」

と、とりあえず前向きな言葉を口にするようにしましょう。

とっさの〝リアクション〟に「人格」って出てしまうんです。

人生を充実したものにしたいなら、「とっさのひと言」にも、しっかりと意識を向けましょう。

「場の雰囲気」がいつでも前向きで和やか、建設的であるように、日頃から「いい言葉のストック」を充実させておくこと。
それだけで、あなたの魅力が引き出され、まわりにどんどん人が集まってきます。

「いい言葉」のストックを持つ

24 言葉は脳内に映像を映す「プロジェクター」

以前、知り合いの女性から、こんな話を聞きました。

「この間、赤ちゃんを連れた、昔の同級生と道でばったり会ったんです。そのとき、私の隣にいた彼氏が、赤ちゃんをあやそうとしたんです。だけど、身長が一八〇センチ以上もある彼のごつい顔を見て、赤ちゃんがうわーんと泣いてしまって……。彼がメチャクチャあわててしまって、大きな体を小さくして、なんとか泣きやませようとしているんです。その様子が、すごくおかしかったんです」

今、この文章を読んで、みなさんは頭の中に「かわいい赤ちゃん」と「ごつい顔の彼氏」を自然に思い浮かべませんでしたか？

そして「泣いている赤ちゃんと、あわてている彼」を想像したことでしょう。

こうして頭の中で、登場人物が動き出し、目の前に映像が浮かびます。そして、「それはおかしいね！」と思うわけです。

あなたの口から出る言葉は、相手の頭の中でイメージ化されます。

言葉は、プロジェクターのようなもの。

スクリーンに映像を映すように、相手とイメージを共有するためのツールなんです。

だからこそ、相手がなるべくイメージしやすいように、豊かな表現を心がけたいもの。

冒頭の例に出てきた「うわーん」という言葉は擬音語ですが、「ガチャガチャ」「キラキラ」「せかせか」など、いわゆる**「オノマトペ」（音や様子を表わす言葉全般）を織り交ぜて話す**と、イメージがいきいきと伝わります。

また、よりリアルなイメージを共有したいなら、なるべく〝柔らかい表現〟を使うことを心がけてみてください。

「○○さんは明朗快活で」

よりは、

「○○さんは明るくて朗らか」

のほうが伝わりやすいでしょう。

「散歩していたら一時間に七十ミリの集中豪雨に遭って」

よりも、

「ぶらぶら歩いていたら、突然滝のような雨が降ってきて」

と言ったほうが、相手の脳内スクリーンにイメージが浮かびやすくなります。

あなたも〝名監督〟になれる

あなたが何かを話しているとき、相手の頭の中ではイメージが「上映中」なのです。

どんなささいなやりとりであっても、そのことをしっかりと覚えていてください。

同じような内容でも、「どんな言葉で語るか」によって、みんなが元気になるコメディにも、ワクワクする冒険物語にも、あるいは、恐怖を与えるホラーや、あきらめに満ちた悲劇にもなります。

シンプルな話は、ユーモアのある言葉で。

困難な状況では、前向きで明るい言葉で。

言葉を発することで、誰でも名画をつくることができる――。

そう思うと、ちょっと楽しくなってきませんか？

相手の頭の中に絵を描こう

25 自分の中に持っておきたい「言葉のフィルター」

大きなたらいを頭の上にのせて歩いている人を思い浮かべてください。

たらいには水が入っていて、慎重に歩いています。

けれど、何かの拍子にたらいが大きくゆれたら？

当然、水はこぼれてしまいます。

そのとき、たらいに入っている水は、どんな色で、どんな匂いがするのか？

クリアで澄み切った富士山の天然水だったらいいけれど、よどんだドブ川の水だったら……嫌ですよね。


言葉も同じで、何かの拍子に頭の中の思いが口をついて出てしまうもの。

そして、そんな**「とっさのひと言」**には、**無意識下の本音が出やすい**のです。

つまり、「人間性」が表われやすいのです。

たとえば、異性の友人とカフェでお茶を飲んでいるときに、店員が誤ってコーヒーをこぼしてしまい、友人のジャケットに大きなシミがついてしまったとします。

そんなとき、相手が「うわっ！」と言ったあと、とっさになんと言うか。

「最悪だ！　ついてないなぁ」

と言うか、

「やけどもないし、不幸中の幸いだね」

と言うか。

さて、あなたはどちらに、よりいい印象を抱きますか？

おそらく、九九パーセントの人が後者に好印象を抱くのではないでしょうか。

前者が「考え方が否定的で文句が多そう」なのに対して、後者は「考え方が前向きで、器が大きそう」です。

ですから、頭の中で使っている言葉を日頃からチェックする習慣を持ちましょう。

もし、ネガティブな言葉が自分の頭の中にいっぱい詰まっていたら、浄水器でろ過すること。

そうして、ポジティブな言葉に入れ換えておくことです。「とっさのひと言」がいつ口をついても大丈夫なように、頭の中にある言葉をいつもプラスのイメージにあふれたものに浄化しておきましょう。

「ネガ→ポジ」変換のコツ

物事を悪いほうにとらえてしまうクセがついていると、いつの間にか頭もマイナスイメージの言葉に占拠されてしまいます。

たとえば、「ありえない」「無理」「できません」などの否定する言葉、「常識でしょう?」といった決めつけ、「せっかち」「ルーズ」などの人に対するマイナスイメージを表わす言葉。

頭の中がこんなマイナスイメージの言葉で真っ黒になっていると、相手のなんでもないひと言、行動を「悪意があるのではないか」「自分をおとしめようとしているのではないか」と、疑わしく、恐ろしく感じるようになってしまいます。

つまり、心の中に〝鬼〟が跳梁《ちょうりょう》し始めるのです。

これはまさに「疑心暗鬼」の状態。

もちろん、そうなれば、「たらい」の水はどんどん濁っていきます。

そして、何かの拍子に、まわりの人に汚い水をかけてしまうことになりかねません。

つい、ネガティブな言葉を言ってしまったら、「次はこう言おう」と、すかさずポジティブ変換しましょう。

「ありえない」は「**面白い**」。

「無理」や「できません」は「**挑戦しがいがある**」。

「せっかち」「ルーズ」は「行動力がある」「マイペース」。

頭の上の「たらい」を常に、「きれいな水」＝「前向きな言葉」で、満たしておきましょう。

「とっさのひと言」にこそ〝人間性〟が表われる

26
言葉の「名シェフ」になるための条件

言葉を磨くために、一番大事なこと。

それを私は、あるレストランのオーナーシェフから学びました。

名の知れた芸能人や文化人たちも足繁く通う、なかなか予約のとれない名店のシェフです。

たまたま、このシェフがご近所さんということもあり、行きつけのバーでご一緒させていただく機会も多いのです。

彼は、「料理界の人間国宝」と呼ばれるほどの、超一流の腕前。

さらに何がすごいのか、というと「仕入れ」の達人なんです！

珍しくて、おいしい素材を調達することに、ものすごく貪欲。

あるとき、この料理の天才は、普通では絶対に使わないゴボウの根っこを食材に選びました。

そして、そのゴボウの根っこだけを使うにしても、わざわざ一番根っこがおいしいゴボウを求めて、遠い地方の農家まで仕入れに行きます。

また、常に新しい素材を探して取り入れています。

バーでも珍しい黒ビールを見つけると、スプーンをもらってすするように飲みながら、「これ、デザートに使えそう」とつぶやく姿を目撃しました。

料理も会話も〝仕入れ〟が大切

その方の仕事ぶり、生きざまを見ていて、私はとても感銘を受けました。

そして、いい素材がないと、おいしい料理がつくれないように、

「まずは素敵な言葉を〝仕入れ〟ないと始まらない!」

ということに気づかされました。


ボキャブラリーを広げないと、話す言葉に幅がなくなります。

人は、その人の持つ言葉を超えて思考を深めることはできない。

やはりここでも、日々の〝仕入れ〟がものを言います。


〝仕入れ〟先は、本でも映画でも、ドラマでもいい。

友だちとの会話でも、行きつけのお店のおばちゃんとのやりとりだっていい。

「素敵な言葉はないか？」

「新しい表現はないか？」

と、日々、アンテナを張っておいてください。


そして、素敵な言葉を見つけたら、そのベストな使い方を見つけて、すぐにでも使ってみてください。

その言葉を〝知っている〟だけでは、単なる「知識」に過ぎません。それを実際に使ってみることで、仕入れた知識は、「知恵」に変わります。

ちなみに、私は最近、こんな言葉を〝仕入れ〟ました。

「仕事での成功は、家庭での失敗を補えない」

「『辛』に『一』を足すと『幸』になる。だから、つらいことから一歩前に踏み出せば、しあわせに向かっていける」

スパイスの効いた言葉、心に栄養を与える言葉——「いい言葉」を仕入れれば仕入れるほど、あなたは、言葉の名シェフに近づいていくのです。

「素敵な言葉」で会話を〝味つけ〟しよう

27 「ポジティブな言葉」を体にしみ込ませるコツ

仕事を終えて疲れているときこそ、

「あー、今日も一日充実していた。すばらしい日だった！」

とつぶやいて、まわりと自分をねぎらいたいもの。あなたも、その気になれば、こんなポジティブな言葉が自然に出てくるようになります。

このとき、実践してほしいのは、「なんとなく言葉を口にする」のではなく、「意識的にポジティブな言葉を選ぶ」こと。

一度それが習慣になってしまえば、ほとんど考えなくてもできるようになります。言うなれば、それはかけ算の「九九」を覚えるみたいなもの。

「二×二（ににん）が四、二×三（にさん）が六……」と、考えるよりも、ひたすら繰り返して覚えましたよね。

同じように、言葉の「ネガティブ↓ポジティブ」への変換も、繰り返すことで覚えること。

たとえば、こんなふうに。

◎「面倒くさい」↓「取り組みがいがある」「成長できる」
◎「気が弱い」↓「繊細な性格」「相手のことを考える人」「思いやりがある」
◎「八方美人」↓「誰にでも気くばりができる人」「やさしい」

寝る前5秒の〝振り返りタイム〟

クセづけをするまでにかかる期間の目安は、約三カ月。

それくらいの間、心がけていれば、ポジティブな言葉遣いが、ある程度は習慣になってきます。

おすすめは、寝る前に五秒でいいので、「今日、自分が使った言葉でよかった言葉」を思い出し、「あまりよくなかった言葉」を変換すること。

ブログやSNSなどを使って、ポジティブな言葉を発信するのもいいでしょう。

一人で続けるのはどうしても難しいなと感じたら、お手本となりそうな人を見つけて真似をするというのも、ひとつの方法です。

あせらず、気長に。けれど、身につくまでは根気よく。三日坊主でも、十回やれば一カ月。

ポジティブな言葉を、九九を覚えるように覚えていきましょう！

ひたすら反復！「体で覚える」ことが大切

28 誰よりも「幸せの味」を知る人になる

たとえば、「夕焼けがきれいだな」と思ったとき、あなたは「どんなふうに」その美しさを表現しますか。

「燃えるようにきれい」「あったかい色」「懐かしい感じ」……。

二、三個なら、誰でもすぐに出てくるはずです。

「何も思いつかない！」と思った人も、ここは詩人になったつもりで！

ドラマで聞いたセリフも総動員して、頭の中で言葉を集めてみてください。

「光の加減がドラマチック」

「絵の具では表現できない神秘的なグラデーション」

時間をかければ、結構出てくるはずです。

〝感動〟を表現する言葉を増やしていく楽しさ

「言葉」と「感じること」には、密接な相関関係があります。

ボキャブラリーが豊富な人は、多くのことを感じられるのです。

つまり、幸せを表現するボキャブラリーが多いほど、よりたくさんの幸せを感じられるようになる、ということ。

「感じる心があって、言葉があるのでは？」と思う人もいるかもしれませんね。

こちらも、正しいのです。

心があるから、言葉になる。

言葉によって、その心になる。

料理や食材へのこだわりが強い国は、味覚や香りに関する言葉が多いもの。

たとえばフランス。ワインに対するソムリエの「香りの表現」は、ものすごく種類が豊富です。

白ワインならライム、レモン、梨、赤ワインならラズベリー、ブルーベリー、ストロベリーのような香り……など。熟成ワインなら、枯れ葉やスパイスなどの比喩も加わります。

こうした「言葉」があるから、ワインの香りや味の繊細な違いを感じられるようになるのです。

同じように、感動を表現する言葉をたくさん知っているほど、人は感動をより豊かに味わえる「感動の達人」になれるのです。

たとえば、日常の中で小さな「幸せ」を感じたとき。

その「幸せ」がどんなものなのか、できるだけくわしく表現してみてください。

漠然とした感動をいろいろな角度から表わすことで「なんか幸せ」が「ものすごく幸せ」に思えてきませんか？

「なんか幸せ」をみんなに伝染させる

飲みに行ったときの「なんか幸せ」。

気のおけない友人と話して、自分らしくいられたのが、うれしかった。思いっきり話して笑っていたら、とてもリラックスできた。


天気がいいときの「なんか幸せ」。

外に出たら空が晴れていて、風が気持ちいい。梅雨も終わったんだなと季節の変わり目を感じた。おしゃれも雨を気にせず楽しめるし、夏が来ると思うとワクワクした。


コンビニスイーツを食べたときの「なんか幸せ」。

新商品のスイーツを買ったら、予想以上のおいしさ。コスパも最高。疲れていたけれど上品な甘さに癒やされて、一日の疲れが吹き飛んだ。

自分の「なんか幸せ」を言葉にして具体的に発信していくだけで、その幸せはまわりに伝染していきます。だから、「幸せ」を表現する言葉を意識して増やしていくことです。

そのためには、過去の自分の**「幸せ体験」を棚卸しすること**。

たとえば、バレンタインの日にチョコレートをもらったり、志望校に合格したり……といった体験を思い出すと、そのとき感じた喜びが体中によみがえってきますよね。

そうした過去の「幸せ体験」を盛り込みながら、「自分が今、どれくらい幸せか」を表現してみるのです。こんな具合です。

「自分の下駄箱にバレンタインのチョコが入っていたときと同じくらい、うれしい!」

「合格発表の掲示板に、自分の番号を見つけたとき以来の幸せ!」

言葉にして、幸せの記憶をよみがえらせることで、そのときの幸せな気持ちを何度でも追体験できます。

「幸せ」を感じるたくさんの具体的な記憶、言葉を持っているほど、より多くの幸せを実感できるようになるのです。

あなたも**「幸せのソムリエ」**になったつもりで、幸せを表わす言葉を、どんどん集めてください！

ボキャブラリーが豊かになると、人生も豊かになる

5章

成長していくって、楽しい！

「なりたい自分」に近づく言葉のマジック

29

「感謝する人」に奇跡が起きるのはなぜ?

あなたは、一日に何回「ありがとう」を言いますか?

「ありがとう」は私が好きな言葉のひとつ。

しかし、とっさにこのひと言を言える人は、意外と少ないものです。


たとえば、道で誰かが落し物を拾ってくれたとき。

お店の人が小銭がこぼれないように、ていねいにお釣りを渡してくれたとき。

デパートの入り口で前の人がドアを開けて待っていてくれたとき。

多くの人が、「ありがとう」の代わりに、何と言っているかというと、「すみません」。

日本人の謙虚さが出ているなあ、と思います。でも、「すみません」よりも、

「ありがとう」のほうが断然前向きで、パワーがあります。

「すみません」に込められているのは、迷惑をかけて申し訳ない、という恐縮する気持ちですが、「ありがとう」に込められているのは、相手にストレートに感謝する気持ちだからです。

そして、何かしてくれた人に伝えるべきなのは、「恐縮」ではなく、「感謝」ですよね。

言った瞬間、自分も「いい笑顔」になれる

一日に十回恐縮するのと、十回感謝するのとでは、その日の心持ちもまったく変わってきます。

「ありがとう」という言葉は、言われた人がいい気分になるのはもちろん、言った本人も気分がいい。

「ありがとう」と言う瞬間、自分も「いい笑顔」になっているはずです！

21ページでも紹介した通り、「ありがとう」は漢字にすると「有難う」＝有ることが難しい。

「あなたのしてくれたこと、貴重なはからいに感謝します」という意味です。

これを「ほめ達」的に英語に超訳すると、**「イッツ・ア・ミラクル！」**。

「この奇跡に感謝！」という気持ちを込めて、笑顔で「ありがとう」。

言葉は、相手と出会った瞬間から相手に贈ることができるギフトです。

しかも、いくらあげてもお金がかからない、最高のギフト。

どうせ贈るなら、よりいい言葉、美しい言葉を選びましょう。

運を引き寄せる口グセ

さて、「私は運がいい」と思っている人のまわりには、なぜかいつも運がめぐってくるものです。

「今日、こんなラッキーなことがあって……」

「ついてるんですよね」

「最近、いいことしか起きないんですよ！」

これらはすべて私の口グセですが、同時に運を引き寄せる言葉でもあります。

実際、私は相当ラッキーな人間です。

そもそも、健康で衣食住にも困っていなくて、自分を支えてくれる人たちがいる。これだけでも、相当ラッキーです。

その上、「ほめ達」という天職に出合えて、その仕事でお金をもらえている。

これ以上、幸せな人生って、ないんじゃないかなと思います。

「今日のおかげさま」をノートに書き出してみる

「自分って、運がいいなあ」と思うことは、「今ある幸せは、自分だけの力で得たものじゃない」とわかっている、ということ。

まわりの人のおかげ、ということを知っているからこそ、出る言葉なんですね。

ちょっとへこんでいるときに、ぜひ試していただきたいことがあります。

「今日のおかげさま」、つまり「人にしてもらってうれしかったことや、何かに感謝したこと」を書き出してみるのです。

これが、ノートなんかに書くと、意外とたくさん出てくるんですよ！

書くことは日常の小さなことでOK！

毎日、日記やブログを書いている人であれば、最後に一行プラスするだけでもいいんです。

「久しぶりにいい天気で、外回りの仕事も気持ちよくできた」
「昔の友だちにメールをもらって励まされた」
「知り合いから聞いた話が、勉強になった」
など。

毎日たまっていく「おかげさま」を眺めているうちに「私って、意外に恵まれているし、結構、幸せ者だな」と思えてきます。

今、目の前にあるものに感謝すること。

誰かに何かしてもらったときは、恥ずかしがらずに「○○さんのおかげです」「ありがとう」と感謝の気持ちを伝えること。

こうした「感謝上手」には、味方がどんどん集まってきます。

「ついてる」が口グセの人が本当に運を呼ぶのは、こういうわけなんです。

だまされたと思って「自分はついてる」と、毎日口に出して言い、「おかげさま」を数えてみてください。

幸運の女神があなたに微笑んでくれますよ！

「感謝上手」には不思議なくらい味方が集まってくる

30 「夢のサイズ」に大きい小さいはない

私の夢は、

「辞書に『ほめ達』が載ること」

「道徳の授業に『ほめ達』が入ること」

「二〇二五年にノーベル平和賞を受賞すること」

まだまだありますが、まずはこれくらい。


これらの夢について話すと、だいたい「うわあ、大きい夢ですね！」と驚かれます。確かに「恥ずかしい」ほど大きな夢です。しかし、実際にはぜんぜん恥ずかしくない。これが、本気の夢だからです！

三つ目の夢については、最近「『ほめ達！　オブ・ザ・イヤー』がノーベル平和賞よりも権威ある賞になること」に〝更新〟しました。

「『ほめること』のすばらしさを世界が認め、誰もが『ほめ達』になることによって、みんなが幸せになる」のが私の最終的な目標。

私は、これらの夢を思い返すたびに、むくむくとやる気が湧いてきます！

「このためだったら、何でもできるな」という気持ちですね。

「夢」があるから力一杯、走れる

この夢がかなうかどうかは、誰にもわかりません。

でも、これだけは言えます。

夢があると、人は、より力一杯、走ることができる。

そして、その過程が人を成長させてくれることは、間違いありません。

夢のサイズに決まりなんてない。夢はこうでなきゃ、というルールもない。

「〇〇で日本一になりたい」

「スティーブ・ジョブズのような起業家になりたい」

「憧れの人と握手をしたい」

ミーハーでも、荒唐無稽《こうとうむけい》でも、なんでもいい。

夢は、大きくても小さくてもいいと思っています。


大事なことがもう一つ。

それは、「まわりの人に、その夢を語る」こと。

夢は、人に話すことでより磨かれます。

人に話すと、応援してくれる人がどんどん増えて、大きく育っていくのです。

「夢のサイズ」に決まりなんてない

31

「憧れの人」は、あなたの〝成長の種〟

自分を成長させてくれるのは「夢」だけではありません。

たとえば、有名人や、まわりの人に対する「憧れ」も、自分をいい方向に変えていくきっかけになります。


「すごいな」

「素敵だな」

「自分も、いつかあの人のようになりたいな」

こんな「憧れの気持ち」の根っこにあるのは、「自分をいい方向に変えたい」という向上心。

憧れの人が増えるたび、自分の中に「成長の種」を蒔《ま》いているということ。

誰かの中に素敵だなと思えるものを見つけると、その同じ素敵の種が自分の中に蒔かれていくのです。そして、自分にはないと思っていた能力や魅力が芽吹きだします。

だから、対象はアイドルでも、作家でも、偉人でもOK。どんどん「憧れ」ることです。

彼らはあなたにとっての先生、師匠、お手本になります。

恋愛の師匠、仕事の師匠、ファッションの師匠、人生の師匠……。

いろんな師匠を見つけて、勝手に「弟子入り」しましょう。

憧れたポイント、彼らの「いいところ」をじっくり観察してみて、自分が参考にできる点がないか考えてみてください。そして真似してみる。

「え？　真似するのでいいの」って？　弟子が師匠にならうのは当たり前です。

「ほめ達」流・TTPとは？

私は、人と組織の能力を一気に高める方法として「TTP」を推奨しています。

意味は、「徹（T）・底的に（T）・パクる（P）」ということ。

憧れの人の美点は、徹底的にパクる。自分を成長させたかったら、お手本になる人を見つけて真似をするのが一番の早道です。

ちなみに、私には秘かに〝大師匠〟と呼ぶ人が八人います。

そのうち、「話の聞き方」の師匠にしているのが、香取貴信さん（『社会人として大切なことはみんなディズニーランドで教わった』の著者）です。

講演会でご一緒したことがあるのですが、話を聞いているときのリアクションがすばらしい。面白いと思ったら満面の笑み、感心したら「へぇ～！」と驚く。

私もリアクションが大きいほうですが、彼にはかないません。「話の聞き方だけでここまで圧倒的な存在感を示せるのか」と学ばせてもらっています。

師匠は、意外とすぐそばにいることも。まずは身近な人に勝手に「弟子入り」「私淑《ししゅく》」してみてください。

そして、人に会うたびに「ここが素敵だな」と思う箇所を見つけられる「憧れ体質」になれれば、それだけ師匠も増えます。彼らから、いろんな美点を吸収し続けてください。

すると、いつの間にか、あなた自身が「まわりから、憧れられる人」になっているはずです。あなたは弟子から師匠になっているでしょう。

「憧れの人」の美点は徹底的にパクる!

32

「なりたい自分」のラベルを決める

「あなたはどんな人？」と聞かれたとき、どんな言葉が思い浮かびますか？

「明るくて元気」「努力家」など、ポジティブな言葉が出てきたら、すばらしいです。

けれども人は、自分の長所よりも、欠点のほうを気にするもの。

ネガティブな言葉ばかり出てきた人は、無意識のうちに「自分はこういう人間だ」という固定されたイメージを抱いているのかもしれません。

それは「ネガティブなラベル」を自分で貼っているようなもの。たとえば、

「飽きっぽい」

「人前に出るのが苦手」

「女らしくない性格」

こうしたラベルは、自分の好きなように貼り替えが可能です。

たとえば、こんなふうに！

「常に好奇心旺盛」
「裏方の仕事が得意」
「異性に媚《こ》びない、さっぱりとした性格」

結局は同じことを言っているのに、さっきと全然、印象が違いますよね。

"魅力的なオーラ"を出す簡単な方法

「自分」は、まわりから貼られるラベルと、無意識に自分で貼っているラベルによってつくられます。

それは、自分の性質をポジティブなラベルに貼り替えれば、自信がつき、より魅力的なオーラが出てくるということ。

そして、自分を、「なりたい自分」「理想の自分」に変える方法があります！
それは、自分の**「未来のラベル」**を持つこと。
三年後、五年後、まわりの人に自分のことをどんなふうに言ってもらいたいですか？
その言葉が、あなたを輝かせる「未来のラベル」になるのです。
ちなみに私のラベルはこうです。

「常に学び続けている」
「いつもめちゃくちゃ元気」
「笑顔が素敵ですよね」
「思慮深い」
「ずっとまわりに与え続ける人」

自分が理想とし、憧れるものであれば、ラベルはなんだってかまいません。「絶対、そんなふうになれない」なんて思わずに、自分の「未来のラベル」を自由につくってください。あなたの人生は「自分」というボトルに、どんなラベルを貼るかによって決まるのです。

人間生まれもっての性格というものはあります。しかし、まわりから「あの人は、こういう人」と思われる自分の性格のほとんどは、「自分のことをまわりに対してどう表現しているか」によって決まります。

一度きりの人生、限りある命なのですから、「なりたい自分」になって生き切りませんか。

「自分の長所を引き出すラベル」は、遠慮せず、ペタペタたくさん貼りましょう。

「自分の人生」というボトルに、どんなラベルを貼っていこうか

33 言葉は夢を仕留めるスナイパー

あなたには、「かなえたい願いごと」がありますか？

願いごとは「○○したいです」ではなく、「○○します！」と言い切ると、かないやすくなります。

言葉は、夢をつかまえてくれるスナイパー（狙撃手）のようなもの。

あえて言い切ることによって、実際にかなったときのイメージが頭の中に浮かび、そのイメージに向かって自分の願望実現スイッチが入るのです。

たとえば、誰か会いたい人がいるなら、

「○○さんには必ず会う」。

モテるようになりたいのであれば、

「○カ月後には、モテすぎて困っている」と言い切ること。

表現は、少し大げさなくらいで大丈夫。「○○した」と過去完了で言い切ってもいいですね。

頭の中で「すでに願いごとがかなった」状態をリアルにイメージすることが重要なのです。

脳には、無意識にイメージを実現させようとする働きがあります。

夢がかなった状態をリアルにイメージすることで、眠っていたあなたのやる気やパワーも、きっと引き出されるでしょう。

「こぼさないでね」より「しっかり持ってね」

この願いごとをかなえるための言葉の使い方は、誰かに「○○してね」という声かけをするときにも応用できます。

こんな面白い実験が行なわれました。

水をいっぱい入れた容器を幼稚園児に運ばせ、子どもたちに声をかけたのです。

「こぼさないでね」

と声をかけたら、たいていの子どもが水をこぼしてしまいました。

でも、

「しっかり持ってね」

と声をかけたら、ほとんどの子が最後までこぼさずに運べたそうです。

一説によれば、人間の脳は、言葉の「~しない」という打ち消しの動詞を認識しづらいのだとか。幼い子どもの場合は、とくにそうだと言われています。

ですから、遅刻魔の友人や恋人と待ち合わせるときは、

「絶対、遅刻しないでね」

ではなく、

「五分前までに来てね」

と声をかけましょう。

また、ミスの多い後輩にアドバイスするときは、

「ミスをしないようにね」

よりも、

「落ち着いて、二回見直してね！」

のほうがいい、ということです。

「願いの実現」には肯定の言葉が効く！

34

質問の「質」で人生は決まる

未来に漠然とした不安があってモヤモヤしているときや、目の前で起こっていることに対して、どうするべきかわからないようなとき、あなたはどうしますか？

親しい友人や頼りになる先輩に相談しますか？　それもいいですが、**「自分自身に質問をする」**という方法もあります。


「これは何のチャンスだろう？」

「このピンチには、どんな意味があるんだろう？」

「今、自分にとって大事なことは何か？」

「来年の目標のために、今できることは何か？」

こんなふうに自問することの最大のメリットは、まわりの意見にまどわされず、自分の意志を確認できること。さらには、質問することによって、わからなかった答えがみえてくることもあります。

実際にあった話をします。私は以前、家業のホテル経営の仕事をしていました。新しい業態のホテルをつくろうとしたときに、地域の人たちの反対で計画が頓《とん》挫《ざ》しかけたことがあります。建設は予定通り進めなければいけないし、遅れたら資金調達にも支障が出てしまう。反対派の住民を説得しようにも、うまくいかず、毎日が不安で、眠れなくなってしまいました。

そんなとき、寝る前にふっと、

「これは、なんのチャンスだろう?」

という言葉が浮かんできたのです。

それは何気なく出てきた、自分への質問でした。

でも、次の日の朝に起きたら、パッと答えが出てきたのです。

「これは、ホテルのファンを増やすチャンスなんだ！」と。

そしてやっと、地域の人たちを説得するアイデアが浮かんできたのです。

自分自身に質問することで、「そんなところに扉があったのか」と思うような、予想外の答えや解決策が出てくることもある。

どんなにピンチに追い込まれていても、映画のような大どんでん返しが起こったりすることがあるのです。

〝潜在意識のパワー〟を味方につける方法

「潜在意識のパワー」を使うという意味でも、この「寝る前に自分にいい質問をする」という方法はおすすめです。

これは、寝ている間に、自分の潜在意識に対して、「ちょっと、この問題について考えておいてくれる？」と**任務を与える**ような感覚です。

そうすると、不思議なことに、寝る前にはまったくわからなかった答えが、朝起きたときに見つかることがあるんです。

大切なのは、期限をもうけないこと。そして質問したことを忘れるということ。質問したことを忘れるというと、おかしく思われるかもしれませんが、これが潜在意識にアクセスするコツなのです。

人生の質は、自分に投げかける質問の質で決まります。

たくさんの質問を投げかけて、人生をグレードアップする「ひらめき」を手に入れましょう！

自分に「いい質問」をしていると人生が豊かに、ハッピーに！

6章

こんな“言葉のお守り”を大切に

つらいことがあるほど「深みのある目」になっていく

35
「ため息」をついたら、吐いた分をしっかり吸う

誰にでも、調子が出ないとき、あるいは、ものすごく努力しているのに、結果がついてこなくなることがあるものです。

「何がいけないのか、よくわからないけれど、うまくいかない。さっぱり成果が上がらない」

そんな理由がはっきりしないスランプ。

冷静になってよく見つめれば、理由は見つかるはずですが、漠然とした不安に包まれてネガティブ思考に陥っていると、なかなか見えてこないもの。

こうなると、前向きな言葉を使いたくても、なかなか使えません。

そんなときは、まず姿勢を正しましょう。そして深呼吸してみましょう。

背すじをまっすぐに伸ばして、体をリラックスさせ、深呼吸を三回してみてください。心がすーっと落ち着いてくるでしょう。

たかが呼吸、たかが姿勢とあなどってはいけません。

落ち込んでいるときは、知らず知らずのうちに猫背になって、呼吸が浅くなっています。呼吸が浅いと自律神経が乱れ、心が不安定になってしまうこともあります。

ため息をついてしまったら、その分、息を深く吸うこと。

そうすれば「深呼吸」になります。

まわりの人を励ましたいときも、誰かがため息をついていたら、ぜひ、こう声をかけてあげてください。

「大きいため息だね。吐いた分、ちゃんと息を吸ったほうがいいよ」

愛情たっぷりの「ツッコミ」は心の滋養薬

誰かがスランプに陥っているとき、実際にしてあげられることはないかもしれません。でも、せめて励ましの言葉をかけてあげたい、元気づけたいと思うこともあるでしょう。

そんなときに必要なのは「同情」ではありません。

「視点を変えてあげること」と**「ユーモア」**。

この二つです。

たとえば、恋人にフラれて落ち込んでいる友人に、

「瞳が深くなったね。やがて来るモテ期に、選択の自由があるとはうらやましい」

仕事でミスして落ち込んでいる同僚に、

「成長痛だね。休養と栄養で、仕事の筋力アップ、間違いなし！　つきあおうか、休養」

こうした励ましの言葉は、一見、つきはなしているようで、相手をきちんと引き立てています。

これって、お笑いで言う「ツッコミ」に似ていますね。

とことん同情し、一緒に悲しんで落ち込む、という接し方もありと言えばありですが、二人そろって落ち込みの「穴」に入ってしまうと、なかなか出口が見つからなくなってしまうことも。

身近な人がネガティブ思考に陥っているときは、そっと穴の上からのぞいてみて、「そろそろ出てみない？」と誘いかけるような気持ちで、愛情を持って「励まし」のツッコミをしてあげてください。

うまくいかないときは「根が伸びている」とき

思い通りにいかないときや失敗したとき、「心のテンション」はガクンと下がります。

でも、大きな失敗をして気持ちの落ち込みが大きいほど、学ぶことは大きいもの。つまり「気持ち（心のテンション）」と「人間的成長」の関係は反比例するのです。

人は本能として「常にいい気持ちでいたい」と思うもの。そして同時に「成長していきたい」と思っています。

けれど、「気持ち（心のテンション）と人間的成長は反比例する」と知れば、**「成長」にある程度の〝痛み〟は不可欠**ということがわかるでしょう。

反対に万事順調なときは、いい気持ちにはなれますが、調子に乗らずに気を引き締めることも大切、ということです。

「つらいときほど、じつは見えないところで、成長している」と覚えていてください。

そして「なかなか芽が出ないなぁ」「一生懸命やっているのに結果が出ない」

というときは、

「今は、地中に深く根を張っている時期なんだ」

と自分に言い聞かせましょう。

根が深く伸びれば伸びるほど、大きな木に成長し、立派な実がつくはずです。

いいね、根っこが伸びてるね

36 「一番つらいとき」は、あえて記念写真をパチリ

すごくつらいときって「この状態が一生続く」ような気がしてしまうものです。

あるとき、開業医をしている友人が、家族や仕事のことですごく悩んでいました。ほとんどうつ病のような状態で、誰が見ても「つらそうだな」と思う状態でした。

そんなとき、私はあえてこう言ったんです。

「せっかくだから、ちょっと最悪の表情の記念写真、撮っとこうか?」って。

すごくつらそうにしている友人に「写真を撮ろう」って言うなんて、ひどい奴

です（笑）。

友人も最初「えぇーっ!?」と驚きました。けれど、いやいやながらもポーズをとってくれました。

そして、苦笑いしている自分の写真を見たとき、彼はふっと笑ったんです。もはや最悪の写真は撮れません。どうしても笑ってしまうって。

私は、「ああ、よかったなぁ」と思いました。

「記念写真を撮ろう」と言ったのは、十年後にその写真を見たら、絶対笑えるから！

「今が一番つらいとき。これ以上は悪くならない」という意味を込めていたんです。

マイナス思考をゆるめる「きっかけ」

「一番ダメなとき」というのは、「嫌なこと」にばかり気持ちを持っていかれている状態です。

そんなときに記念写真を撮ることで、凝り固まったマイナス思考をふっとゆるめ、客観的になるきっかけが生まれます。

もし、自分がつらい状況になったら、

「十年後の自分が今の自分を見たら、どう思うかな？」

と考えてみてください。

まだ同じ理由で落ち込んでいるでしょうか。

未来の自分が今の自分を見たら、「あーあ、あんな小さな理由で落ち込んじゃって。バカだなあ」くらいに思うかもしれません。

小学生や中学生の頃って、仲のいい友だちと、ちょっとケンカしただけでも、「人生の一大事」のような感じがしたと思います。今思えば「くだらないなぁ」なんて思うこともありませんか？

同じように、現在の自分にとっては深刻な問題も、未来の自分にとっては〝ちっぽけなこと〟かもしれないのです。

最悪なときに、あえて記念写真を撮る。

そして、未来の自分がそれを見ているところを想像して、今の最悪さを自分で笑い飛ばしてしまうこと。

つらいことも「いい思い出」になると信じることで、マイナスループから抜け出す力が湧いてくるはずです。

その〝最悪な出来事〟は10年後、きっと「いい思い出」

37 自分のパートナーとなる「名言」を探す

あなたには、大事にしている名言がありますか？

名言は、**心を強くしてくれる「相棒」**となります。

「三年先の稽古《けいこ》」（相撲の世界の格言）

現実に打ちひしがれそうなとき、私はこの名言を思い出して、自分を奮い立たせています。

先がまったく見えないような状況でも、「ああ、大変だけど、これもきっと自分の成長に役立っているに違いない」と思うと、頑張れるのです。

名言は、傷を癒やし、心を落ち着ける「薬」となるものもあります。

「私たちは、この世で大きいことはできません。小さなことを大きな愛をもって行なうだけです」（マザー・テレサ）

何か失敗をして「自分が結果を出そうと焦っていた」ことに気づいたとき、この言葉にハッとさせられ、

「地道にコツコツやるしかないんだ。それが一番の早道なんだ」

と、初心に返るようにしています。

貧しい人を救うために一生を捧げた彼女の言葉だからこそ、重みと説得力が感じられます。

さらに、背中をそっと押す「友人」にもなってくれる名言もあります。なかなか決断できないでいるときに、私が思い出すのが、こんな言葉。

「やったことは、たとえ失敗しても二十年後には、笑い話にできる。
しかし、やらなかったことは、二十年後には、後悔するだけだ」

（マーク・トゥエイン）

「本当にその通り！　うまいこと言うなあ」

と、肩を叩いてお礼を言いたくなるような、そんな言葉です。

「そうだよな！　じゃあ、やるしかないな」と思えてきます。

「心のポケット」に、どんな言葉を入れておくか

こんなとっておきの名言を、心のポケットにしまうように、いくつか覚えておくと、いざというときに、「ああ、自分にはこの言葉があった！」と、すごく救われるのではないでしょうか。

何か困ったことがあって悩んでいても、昔の偉人たちの名言を読むだけで、自分が大きな流れの中にいることを実感できます。

「昔も今も、人間の悩みって同じなんだな」と思うことで、気持ちが落ち着いてきます。

これぞ、名言の効用ですね。

私はよく古今東西の名言を集めた本を買って、自分の心にとまったものに印をつけます。

面白いのは、一年や半年ほどおいてから再びページをめくると、全然違うものに印がつくことです。

これはつまり、自分のほうが変化しているということ。

一冊、愛読書と呼べる名言集を持っておくと、自分の成長や変化も感じられるでしょう。

心のポケットに、たくさんの名言を！

名言は、ふとしたときに、目や耳に飛び込んできます。

本に限らず雑誌やテレビ、映画、ネットなど、いろんなところから吸収してください。

言葉に対するアンテナを高く張っておけば、「一生のパートナー」となるような、名言に出合えるかもしれません。

自分だけの「名言集」をつくっておく

38

「ロングショット」の視点が大切

たとえば、あなたが雨の日に道を歩いていて、つるんとすべって転んだとします。また、助けようとしてくれた人も同じように転んだ。

お尻は痛いし、服は泥まみれ。もう最悪です。本人たちにとっては、悲劇以外の何ものでもありません。

けれど、あなたがそれを五十メートルほど後ろのほうで見ている立場だったとしたら――。

きっと、気の毒ながら、ちょっと笑ってしまいますよね？

同じ出来事でも、こんなふうに「見る視点」によって、その出来事が持つ意味や、深刻さはまったく変わってくるものです。

「喜劇王」とも呼ばれたイギリスの名俳優にして名映画監督のチャールズ・スペンサー・チャップリンがこんな言葉を残しています。

「人生はクローズアップで見ると悲劇だが、ロングショットで見れば喜劇である」

人生の見方をカメラワークでたとえた、映画監督らしい名言ですね。

同じように、人は困った状況に巻き込まれたとき、悲劇の主人公のように、

「何で自分だけがこんな目に遭うんだろう……」

「ああ、もうダメだ！」

などと、がっくり落ち込んでしまうものです。

「主人公」目線から「ディレクター」目線へ

そんなときは「視点」を切り替えてみてください。

いったんクローズアップの自分視点をやめて、ロングショットでとらえてみるのです。

「主人公」目線から、役者の演技を観ている「ディレクター」目線になって、自分の状況を眺めるようなイメージです。

さて、カメラのレンズに映るあなたは、ひざを抱えて悩んでいます。

「あらら、ずいぶんと落ち込んでいるなあ……」と思うでしょう。この第三者目線が、大事なのです。

さらに、気持ちが落ち込むことになった問題の原因についても、監督が脚本のストーリーを確認するように、客観視してみること。

ノートに自分が落ち込んでいる理由を書き出してみると、本当の原因がわかることも多いもの。書き出す前は、ものすごく複雑で深刻な問題を抱えていると思っていたのに、文字にしてみたら、意外と単純な問題だったりします。

すると、「自分は、こんなことで悩んでたのか」とほっとできます。

たとえ一朝一夕には解決できないことであったとしても、悩みの大きさを客観的に確認すると、安心するものなんですね。

自分のことをまるで他人事のように客観視することで、気持ちがふっとラクになります。そして、

「悲劇に巻き込まれている自分が面白いな」

「あとで話のネタになるかもしれない」

なんて、思いをめぐらす余裕も出てきます。

つらい出来事に巻き込まれたら、クローズアップではなくロングショットで見ること。

ロングショットの視点を手に入れた人は、どんなときでも冷静沈着。

不安に押しつぶされることなく、いつも前向きに行動できますよ！

つらいときは、「他人事」のように自分の人生を眺めてみる

39

「いい面がまえ」の人になる

顔をじっと見れば、その人がどんな人生を送ってきたかわかります。

世の中に美しい顔の人、整った顔立ちの人はたくさんいますが、私が一番魅力を感じるのは、顔に内面の魅力がにじみ出ているような人です。

顔というよりも**「面がまえ」**と言ったほうがいいかもしれません。

魅力的な「面がまえ」を持つ女性、と言われて真っ先に思い浮かぶのが、女優の樹《き》木《き》希《き》林《りん》さんです。けっして美人というタイプではないけれど、個性あふれる演技派女優としてずっと活躍し続けてきました。

樹木さんの「面がまえ」には、凛《りん》としていて、どんなことがあっても動じない迫力があります。

そして、人の意見に惑わされず信念を貫く「意志の強さ」や「慈愛」も感じられます。

彼女の人間としての〝強さ〟のようなものは、顔だけでなく、その言葉にも表われています。

網膜剥離《もうまくはくり》で、左目を失明するという不運に見舞われたときも、

「今まで、いろいろなものが見え過ぎた」

と、周囲が驚くほど潔いコメントをされていました。

ネガティブな言葉にもとれますが、私はこのひと言に、突き抜けたポジティブさを感じました。

これからの人生を悲観してもおかしくない状況で、こうした前向きさを持てるのは、すばらしいですよね。

そんな樹木さんの「面がまえ」をつくったのは、何なのか？

おそらくは、彼女の波瀾万丈な人生そのものでしょう。

「愛」と「言葉」は深いほうがいい

なんといっても、彼女は破天荒で知られるミュージシャンの内田裕也さんの奥さんです。

四十二年の結婚生活のうち、同居期間はたったの二年という珍しいご夫婦。どれくらいの苦労があったかは他人には知るよしもないのですが、大変だったことは間違いありません。それでいて、自由でやんちゃ坊主みたいな内田さんを、樹木さんが手のひらの上でうまく転がしているようにも見えます。

内田さんが、女性がらみのスキャンダルで警察沙汰になり、芸能レポーターが彼女のもとに押し寄せたとき。

私は、彼女のコメントに本当にしびれました！

「面会を許されても、私は行きません。だって、歩いて帰ってこられるでしょう。

「どうやって謝るかは、男の器量ですよ」

この言葉、一見突き放しているようで、ものすごく深い「愛」を感じますよね。

私はこのふたりを見ていると、こう思うんです。

「愛するとは、関係性を決して絶たないこと」

なのだと。

人を純粋に愛したいと思うとき、もっとも邪魔になるのは、じつは自分の自意識です。

「かっこよく見られたい」「自分に不利なことは許せない」といった思いが強くなりすぎると、愛情がゆがんだり、嘘が混じったりします。

それは、人に言葉を伝えるときも同じです。

自分が透明になるような無私の感覚を持つことができて初めて、言葉に重みが出て、まっすぐに相手に届くのです。

「自分自身にこだわらない」境地を目指す。

ぜひ、このことを、心の隅に置いておいてください。

人生の酸いも甘いも噛み分けて、世の中のもの、すべてを愛するような最高の「面がまえ」になるために。

酸いも甘いも味わった「最高の面がまえ」の人になる

40 人生が〝360度変わる〟体験

人生って、同じところをぐるぐる回っているように見えるときがありますよね。
でも、決してそうではない。
違う場所に、ちゃんとたどり着いているんです。

そのことに改めて気づかせてくれたのは、元プロボクサーのガッツ石松さんの言葉でした。
彼は「OK牧場!」など数々の「迷言」で知られていますが、その中でもひときわ輝きを放っていたのが、この言葉。

「私はボクシングに出合って、人生が三六〇度変わった!」

その場に居合わせたインタビュアーは全員「ええっ？」と思ったでしょうね（笑）。

「それだと同じところに戻ってくるから、何も変わってないってことじゃないの？」

って。しかし、私はこの言葉を聞いたとき、こう思ったのです。

「すごい。これは最高の名言だ！」

と。いや、これは本当に深い言葉ですよ！

やんちゃだったガッツ石松さんの「拳《こぶし》の力」

ガッツさんは、ボクシングを始めるまでの少年時代は、結構やんちゃだったという話で、よく人を殴っては、大人たちに怒られていたそうです。

ところが、ボクシングを始めてからは違いました。

今まで叱られる原因だった「殴るパワー」が、ボクシングでは大きなプラスになったのです。

まわりの人にほめてもらえて、プロとしてお金ももらえるようになり、さらに世界チャンピオンにまでなった。

つまり、「殴る」という点では、彼の軸は変わっていません。

でも、リングに上がることによって、ガッツさんの人生はがらりと変わったのです。

それは、角度が変わったというよりは、**人生のステージが上がった**、というほうが正しいのではないでしょうか。

ボクシングと出合ったときが、まさに彼の人生観が「三六〇度変わった」瞬間。

彼が立っているのは、以前と同じ場所のように見えますが、決して同じ場所ではないのです。

同じように、あなたが何かにチャレンジして、やっぱり「向いてなかった」と気づいたとき、「今までの努力が無駄だった」わけじゃありません。

「向いてない」という事実に気づけたこと自体、ものすごく大きな進歩なんです。
ぐるぐると回って、同じところに戻ってきたとしても、あなたは、以前のあなたとは違います。

人間は知らない間に、らせん階段を上るように、ぐんぐん成長しているのです。

ですから、今は進んでいるように見えなくても、どうかあきらめないでください。

一歩一歩を大事にして、上っていきましょう！
いつか自分にとっての、最高の景色を見るために。

らせん階段をぐるぐると上っていくように、人は成長している

41 こんな「人の記憶」に残る言葉を残せたら

ある新聞のコラムで見つけて、とてもぐっときたのですが、モンゴルにはこんな言葉があるそうです。

「百年生きる人はいないが、千年残る言葉はある」

読んだ瞬間に、「私が目指しているのは、これだったんだ！」と思いました。
なんて壮大な名言なのでしょうか。

人間には、みんな寿命があります。
あなたも私も、百年後にはこの世にいないでしょう。

けれど、人間の死は「二度」あります。一度目は、この身がこの世から去るとき。

二度目は、自分のことを覚えていて、自分について語ってくれる人がいなくなったときです。

二度目の死が訪れたとき、人は本当の意味で死を迎えます。

では、二度目の死を迎えないためには、どうすればいいのか？

それは、「まわりの人の記憶に残るような言葉を残すこと」です。

朽ちることも、燃えてなくなることもない「言葉」

別に、偉人のような立派な名言でなくてもいい。

人をちょっとほっとさせる言葉や、生きる勇気が湧いてくるような言葉。そういう言葉を生み出すことで、あなたは、未来にずっと生き続けることができるんです。

モンゴルは、かつて世界帝国をつくり上げた、長い歴史を持つ国です。

人々は寒暖の差の激しい草原地帯にゲルという組み立て式の住まいをしつらえ、羊を飼い、季節によって移動しながら自然とともに生きてきました。

今でも先進国と比べると、経済的、物質的には豊かな国とは言えません。

だからこそ、彼らは思想や言葉をすごく大切にしているのだそうです。

そんな背景をふまえると、ひときわこの名言に説得力を感じます。


「私が千年残したい言葉は『ほめ達』です」

あなたも「千年残る言葉」を考えていきませんか？

一人の人から大勢の人へ。そのまた子どもや孫へと、まるでバトンのように受け継がれて、百年後、千年後の人の心の中に、あなたが発した言葉がずっと残っていくのを想像してみてください。

なんとも言えない、幸せな気分になってくるはずです。

月日を超えて大事に受け継がれていく言葉に、寿命はありません。
朽ちることも、燃えてなくなることもありません。
人の心にあり続ける限り、その言葉は光を放ち続けるでしょう。

人の心に残る「言葉の力」

おわりに――幸せな言葉は、幸せな顔をつくる

ここまで読んでくださって、本当にありがとうございます。
さて、感謝の言葉がわりと言ってはなんですが、最後にもう一つだけ、名言を紹介します。

二十世紀にファッション界で一世を風靡《ふうび》し、今も愛され続けるデザイナー、ココ・シャネルの言葉です。

「二十歳の顔は自然から授かったもの。三十歳の顔は自分の生き様。だけど五十歳の顔には、あなたの価値がにじみ出る」

確かに人の顔は、年齢を重ねるほど、その人の人生がにじみ出るもの。

そして私は、「自分の顔は自分でつくれる」とも思っています。

本書を最後まで読んでくださったあなたは、もうお気づきかもしれませんね。

「言葉が人の顔をつくっていく」ことに。

言葉と表情は結びついているのですから。

幸せな言葉は、幸せな表情を生み出します。

その表情が、二十年、三十年、五十年……と長い年月に積み重なって、あなたの顔そのものをつくっていくんです。

もし、あなたが自分の「言葉」を三カ月かけて磨いたとしたら、その「言葉」は、あなたを何十年も美しく輝かせることになるでしょう。

効果は、何十倍にもなって返ってくるというわけです。

人は、誰かをほめているときの表情が一番美しいのです。

とくに「そこにいない誰か」のことをほめているときの顔は、愛情に満ちた、すごくいい表情をしています。

自分が「最高に魅力的な表情」になるような言葉を、これから、どんどん身につけていってください！

最後に。この本が小さなヒントになって、あなたとあなたのまわりの人が、最高にハッピーな人生を見つけられますように。

本書は、本文庫のために書き下ろされたものです。

〈ほめる達人《たつじん》〉が教《おし》える
人《ひと》に好《す》かれる話《はな》し方《かた》41

著者　西村貴好（にしむら・たかよし）
発行者　押鐘太陽
発行所　株式会社三笠書房
〒102-0072 東京都千代田区飯田橋3-3-1
電話　03-5226-5734（営業部）03-5226-5731（編集部）
http://www.mikasashobo.co.jp
印刷　誠宏印刷
製本　ナショナル製本

 ISBN978-4-8379-6732-3 C0130

王様文庫

王様文庫

世界の大富豪2000人がこっそり教えてくれたこと

トニー野中

97％の人が知らない、ロスチャイルドたちの「思考」と「習慣」の秘密とは？　ユダヤやドバイの大富豪、華僑、はたまた日本で自由気ままに暮らす無名の大富豪たちが実践する「秘密」を大公開！　お金はもちろん、健康にも、時間にも、人にも恵まれる本当の幸せをあなたに！

「足もみ」で心も体も超健康になる！

田辺智美

ぐんぐん毒出し、みるみる元気！　イタ気持ちいいが最高に効く！　長生きやダイエットのほか、アトピー、高血圧、糖尿病などの気になる数値の改善にも。手のひらで、「第2の心臓」でもある、ふくらはぎ・足裏をもめば、全身にものすごいエネルギーが満ちあふれます。

眠れないほど面白い『古事記』

由良弥生

意外な展開の連続で目が離せない！　「大人の神話集」！　●【天上界vs.地上界】出雲の神々が立てた〝お色気大作戦〟●【恐妻家】嫉妬深い妻から逃れようと〝家出した〟神様　●【日本版シンデレラ】牛飼いに身をやつした皇子たちの成功物語　……読み始めたらもう、やめられない！

K30316

王様文庫

あなたの人生が変わる奇跡の授業

比田井和孝
比田井美恵

「泣きながら読みました！」感動の声、続々！ この本は、長野県のある専門学校で、今も実際に行われている熱血授業を、話し言葉もそのままに臨場感たっぷりに書き留めたもの。ディズニーに学ぶ「おもてなしの心」など、このたった一度の授業が、人生を大きく変えます。

話し方を変えると「いいこと」がいっぱい起こる！

植西 聰

見た目、性格よりも、話し方が大事！ 言葉は、心の状態、考え方を切り替えるスイッチです。幸せな人は〝幸せになる言葉〟を、美しい人は〝美しくなる言葉〟をつかっているのです。「いい言葉」は、夢のようなビッグな幸運をおもしろいほど引きよせます！

「いいこと」がいっぱい起こる！ブッダの言葉

植西 聰

怒りも迷いもカラッと晴れる、毎日を楽しく生きるための最高の指南書！ ブッダの死後、ブッダの言葉を生で伝えたとされる最古の原始仏典『ダンマパダ（真理の言葉）』が、わかりやすい現代語に。数千年もの間、人々の心を照らしてきた〝言葉のパワー〟をあなたに！

K30315

王様文庫

「心が凹《へこ》んだとき」に読む本

心屋仁之助

自分の心とは、一生のおつきあい。だから、知っておきたい〝いい気分〟を充満させるコツ！　誰かの一言がチクッと心に刺さったり、がんばりすぎて疲れてしまったり、うまくいかなくて落ち込んだり……。そんな〝へこんだ心〟を一瞬で元気にして、内側からぽかぽかと温めてくれる本。

心屋仁之助の「ありのままの自分」に○《まる》をつけよう

心屋仁之助

1ページ読むごとに、不思議なほど自信がわいてくる！　◎「好き嫌い」で選ぶと後悔が少ない　◎「そうなんだ」と、ただ受け止めてみる　◎〝ひと山越える〟と見える景色が変わってくるよ――「自分はすばらしい」ことに気づいてしまう本！　☆特別付録「〝心のお守り〟カード」

心にズドン！と響く「運命」の言葉

ひすいこたろう

本書は、あなたの人生を変える54のすごい言葉に心温まるエピソードを加えた新しい名言集。成功する人は成功する前に「成功する言葉」と、幸せになる人は幸せになる前に「幸せになる言葉」と出会っています！　1ページごとに生まれ変わる感覚を実感して下さい。

K30314